인생은

'마지막 사모학교 졸업생' 송길례 사모의 신앙노트

빨랫줄에 널림
같더라

송 길 례 지음

이 글을 통해 지난 세월 함께했던 사람들과
은혜와 사랑을 나누고 싶다.
특히 10년 전 순교한 남편(고 유기영 목사),
기도의 동반자였던 성도들과 목사님들과 사모님들,
그동안 기도해 주시고 물심양면으로 도움을 주신 분들께
감사를 전하고 싶다.
한 사람 한 사람 모두 다 만날 수는 없어도
내 마음이 그분들을 찾아간다면 좋겠다.

여러분을 만나 행복한 세월이었습니다.
고맙고 감사합니다. 사랑합니다!

2021년 10월 끝자락 즈음,
강진 샘솟는기도원에서

송 길 례

축하의
글

돌아보면 모든 것이 주님의 은혜입니다

샘솟는기도원을 섬기는 송길례 원장님께서 이번에 하나님의 은혜를 조명한 신앙 에세이를 펴내시게 된 것에 반가움을 표하며 축하를 드립니다.

저는 20년이 넘는 시간 동안 전라남도의 끝자락 강진에 위치한 샘솟는기도원에서 故 유기영 목사·송길례 원장님 부부를 통하여 베푸신 하나님의 은혜를 직접 눈으로 지켜봐 온 산 증인입니다 이들 두 분은 급변하는 세상풍조나 세월의 흐름에 아랑곳하지 않고 오직 하나님의 말씀에 순종하며 주신 사명을 따라 한 길을 달려오셨습니다. 급기야는 순교의 피까지 흘리며 예수님의 사역을 감당하셨습니다. 어떠한 말이나 문장으로도 쉽게 표현할 수 없는, 묵직한 목회 여정을 걸어오신 분들이십니다.

그런 중에도 '이 모두가 주님의 은혜'라 고백하시며, 힘들고 어려운 여건 속에서도 늘 마음과 정성을 다하시는 원장님을 뵐 때마다, 숙연해지면서 저를 돌아보게 하셨습니다. 예수께서는 열매로 그 사람을 알 수 있다고 말씀하셨습니다. 평소 늘 겸손하시며 복음의 열정이 누구보다 뜨거웠던 故 유기영 목사님과 송길례 원장님. 두 분의 생애와 사역의 자취가 담긴 이 글을 대하면서 저 역시 귀한 열매를 맺는 삶이 되기를 다시금 다지게 됩니다.

이 책은 단순히 종이로 묶은 책이 아닙니다. 유 목사님 · 송 원장님의 눈물과 피가 스며든 십자가의 행적으로서 많은 이들에게 가슴과 가슴을 이어주는 귀중한 신앙의 고백이 되어줄 것입니다. 책을 통해 우리는 저자의 믿음과 희생의 눈물을 만날 수 있고, 아울러 함께 마음을 모았던 성도님들의 헌신과 눈물과 땀을 만나게 될 것입니다.

돌아보면 모든 것이 하나님의 은혜입니다. 이 책이 하나님의 귀한 은혜와 사랑을 다시금 깨닫게 하고, 우리 각 사람에게 맡겨 주신 사명을 족히 감당하도록 불쏘시개 역할을 해 주기를 기도합니다.

김 희 근 마량중앙교회 담임목사

눈물의 골짜기가 만들어낸 고귀한 열매

고난이 고난으로만 끝나고 만다면 무슨 의미가 있을까요?

이 책의 저자이신 송길례 원장님(평소엔 사모라는 호칭이 더 친숙합니다만)과는 50여 년 지기 친구이자 기도의 동역자입니다. 처음 우리는 불신자로 만났습니다. 잘 살아가던 저자의 가정이 어느 날 갑자기 벼랑 끝으로 내몰려 버렸습니다. 혹여 절망의 늪에 빠져 삶을 놓아 버리면 어쩌나 염려했지만, 저자는 그 순간 예수를 붙잡았습니다. 계속되는 환란과 역경을 기도의 힘으로 이겨냈습니다. 폐인이 되다시피 한 남편을 믿음으로 이끌어 마침내 목사로 세웠습니다. 달동네에 교회를 개척하였고, 머잖아 기도원을 세웠습니다. 주의 종으로 부름 받아 훈련과 교육과 연단을 통하여 오늘에 이르신 사연은 옆에서 쭉 함께 해온 제게조차 눈물과 감동을 주었으며 또한 귀감이 되었습니다.

결코 순탄하지 않았던 저자의 삶과 사역 여정이 담긴 이 글이 세상에 나올 수 있게 된 것을 감사합니다. 이 책을 대하는 모든 분들에게 믿음의 도전과 위로가 되기를 소망합니다.

노화분 신촌중앙침례교회 집사

한우물교회의 역사를 구슬로 꿰신
어머니의 노고에 박수갈채를!

사랑하는 어머니의 책 출간을 진심으로 축하합니다. 특별히 나의 아버지 故 유기영 목사님의 추모 10주기를 맞이해서 이 책이 나오게 된 것을 뜻있게 생각합니다.

어머니께서 손수 써 내려가신 원고를 넘기다 보니, 많은 것들이 눈에 밟힙니다. 어머니의 굴곡진 인생, 아버지에 대한 애틋한 기억, 그리고 우리 한우물교회의 지나온 발자취……. 이 모든 역사의 조각들을 맞춰 한 편의 글로 완성한다는 것이 쉽지 않음을 압니다. 기억하고 싶지 않을 만큼 힘든 순간들과 마주하며 씨름해야 하기 때문입니다.

그럼에도 불구하고 어머니는 담대하게 부딪혀 결국 그 일을 해내셨습니다. 책이 나오기까지 심적인 부담뿐 아니라, 육체적 어려움 또한 참아내셨습니다. 다리가 불편함에도 글 준비를 위해 수 개월간 종로까지 왕래하셨습니다. 전남 강진에 있는 기도원을 다녀오신 날엔 장거리 이동으로 피곤하다 하시면서도 꾸준히 배움의 자리를 지키셨습니다. 그 모든 노고에 박수갈채를 보내며, 아들로서 그리고 목회자로서 존경을 표합니다.

　무엇보다 이 책의 산증인으로서 지금까지 함께해 주신 우리 교회 성도님들에게 감사의 마음을 전합니다. 그리고 어머니의 눈물을 아름다운 결실로 승화시켜 주신 하나님께 모든 영광을 올려드립니다.

　이 책을 통해서 고난 중에 있는 이들이 큰 힘과 위로를 얻길 기대합니다.

아들 **유 영 석** 한우물교회 담임목사

들어가는
글

생의 빨랫줄에 널린 채로
은혜의 햇살을 바라며 살아왔다

꿈을 꾸었다. 가을 아침, 햇살이 잔잔히 퍼지는 마당가 긴 빨랫줄에 각양각색의 빨래들이 널려 있었다. 따사로운 햇살을 받으며 빨래가 뽀송하게 말라갔다. 그때 문득 한 생각이 들었다. 저 빨래들처럼 사람은 누구나 흔들리며 사는구나. 잘났든 못났든, 가진 것이 많든 적든, 나이가 젊든 늙었든 간에.

꼼짝없이 붙잡힌 허수아비 같은 인생살이. 저 젖은 빨래도 한때는 멋진 양복으로, 깨끗한 속옷으로 제각각의 역할이 있었을 텐데. 하지만 부대끼고 쥐어 짜이는 세월을 견디노라면, 빨래들에게선 더 이상 예전의 모습을 찾을 수 없다.

그러나 비가 그치면 해가 나고, 힘겨운 시간이 지나고 나면 밝은 날이 오듯, 햇살을 받으며 빨래는 서서히 그 모습을 회복해 간다. 더러움도 깨끗이 사라지고 보송보송한 본래의 모습으로 돌아간다. 어떤 것은 좀 더 넉넉해지고, 또 어떤 것은 빛깔이 바랜 채로. 이윽고 수렁 같은 축축함은 사라지고, 상큼한 비누 향을 품은 채 제자리를 찾아간다.

한때 나는 젖은 빨래와도 같았다. 젊은 날엔 힘들고 고단한 삶을 살았기에, 축축이 젖은 채 버려진 것만 같았다.

무수히 많은 세월을 생의 빨랫줄에 널린 채로 살았다. 그 속에서 살기 위해 몸부림쳤지만, 아무것도 할 수 없었다. 결국 모든 것을 내려놓는 순간, 햇살 같은 하나님의 은혜가 나를 다시 살게 했다. 끊임없이 흐르던 눈물과 분노도 하나님의 광선으로 다스려지고 치유됨을 얻었다.

마른 빨래는 더 이상 빨랫줄에 널려 있지 않는다. 원래의 자리로 돌아가 제 역할을 해낸다. 지금 또는 후일 누군가 내가 널렸던 빨랫줄에 꼼짝없이 널리게 된다면 꼭 말해주고 싶다.

"지금은 믿어지지 않겠지만 그 눈물은 머잖아 곧 마를 거예요. 반드시 끝날 겁니다. 그때까지 하나님 은혜의 햇살 아래 머무르세요. 그것만이 가장 빨리, 가장 완전하게 자신을 회복하는 길이랍니다."

칠순이 훌쩍 넘은 나는 이제 젖은 빨래의 시간도, 보송하게 마른 시간도 벅차게 기다려진다.

어찌 보면 겁 없이 글쓰기에 뛰어든 것 같다. 갈수록 힘들고 어려웠다. 끝까지 포기하지 않기를 기도하며 이어갔다. 가난하고 슬펐던 옛날과 마주칠 때마다 그만 끝내고 싶다가도 힘들고 지쳐 있는 누군가에게 혹여 한 줌의 위로나마 건넬 수 있다면 하는 바람으로 다시 용기를 냈다.

글을 마치며 나는 다시 새로운 시작을 준비한다. 주님이 주시는 면류관을 받을 때까지 나의 인생, 나의 사역, 나의 이야기는 아직 진행 중이다.

모든 영광을 하나님께…….

Soli Deo Gloria!

더
들어가는
글

팔순으로 가는 길목에서 내린 결단

2020년 1월, 74세에 무릎 인공관절 수술을 받았다. 오래 전부터 수술을 권유받았으나, 할 일이 많아서 미뤄왔다. 한데 더 이상은 통증을 견딜 수가 없었다. 시도 때도 없이 찾아오는 통증에서 이제 그만 벗어나고 싶었다. 그러나 무릎 수술은 또 다른 고통의 시작이었다. 수술 직후의 재활치료도 너무 힘들고, 그로 인해 많은 날 동안 불편을 겪었다. 밖에 나가는 것이 주저되었다. 게다가 코로나 19 팬데믹으로 인해서 답답함은 더욱 쌓여 갔다. 날이 갈수록 마음이 지치고 무기력해져 가는 나 자신이 안타까웠다.

'그동안의 삶을 돌아보는 성찰이 필요하다.'

문득 이런 생각이 들자 전에 없이 마음이 바빠졌다. 하지만 어디서 어떻게 시작해야 할지 몰랐다.

그러던 어느 날 국민일보에 실린 '책 쓰기 교실' 안내 기사를 보게 되었다. 본문 가운데서 '세상은 당신의 이야기를 기다린다'라는 문구에 눈길이 머물렀다. 그 한마디는 마치 나에게 하는 말 같았다. 누군가 내 삶의 이야기를 듣고 싶어 하는 사람들이 있을지도 모른다고 생각하니 도전해보고 싶었다. 그러나 한편으로는 '덮어 두었던 일들을 군이 들추어내면서까지 글을 쓸 필요가 있을까?' 하는 생각도 들었다.

갈등 끝에 전화를 걸었고, 마침내 딸의 도움을 받아 등록을 마쳤다. 등록을 하고 나니, 한층 더 생각이 많아졌다. 두려우면서도 설레고, 걱정이 되면서 기대가 됐다. 달력의 개강 날짜 위에 빨간색 동그라미를 쳤다. 다가올 만남, 새로운 시작이 기다려졌다.

10년만의 화려한 외출

설렘과 기대를 안고 수업시간보다 2시간 일찍 집을 나섰다. 모르는 장소를 찾아가야 하고, 무릎 수술 후 1년 넘게 대중교통을 이용해 본 적이 없어서 걱정이 되었다. 팔순을 바라보는 나이가 아니던가.

다행히 지하철에 빈자리가 더러 있었다. 잘 찾아갈 수 있을까? 이런저런 생각을 하다 보니, 어느덧 종각역에 도착했다. 9번 출구를 찾았지만 도무지 어딘지 알 수가 없었다. 겨우 출구를 찾았다. 그런데 올라가는 계단이 참 많다. 에스컬레이터가 어느 쪽에 있는지도 모르겠고.

출구에서 나와 어렵게 ㅇㅇ빌딩 6층 공부방에 도착했다. 보물이라도 찾은 기분이다. 한데 나를 맞아주는 사람이 없다. 봉은희 작가님에게 전화를 걸었다. 작가님은 내가 약속시간보다 일찍 도착했다 하시며 대기실에서 기다리라셨다. 잠시 후 작가님이 도착했다.

"사실 지금 나로서는 지난 시간을 돌아보고 떠올리는 것조차 힘들어요. 글을 써보고 싶지만 덮어 두었던 상처를 건드리는 것도 두렵고. 과연 글을 써서 내게 유익되는 것이 무엇일까요? 자식이나 지인들께 누가 되지 않게 잘 할 수 있을지 모르겠어요."

작가님은 내 손을 꼭 잡았다.

"용기를 내서 이곳까지 오신 것이 이미 글쓰기가 시작된 것입니다. 목사님 이야기는 단지 한 개인이나 가족의 이야기가 아니라, 지역의 이야기이고 사회적 이야기죠. 지금 곤경에 처한 사람들에겐 목사님의 이야기가 힘이 되고, 앞으로 나아가게 하는 소중한 약재료가 될 것입니다."

아이처럼 작가님에게 기대고 싶었다.

드디어 책쓰기 교실 첫 수업. 첫 시간이니만큼 자기소개를 했다. 평소 기도원장이라 불렸던 내게 '송 목사님'이라 부르는 호칭이 왠지 낯설었다.

첫 수업을 마치고 집에 돌아오는 길도 만만치 않았다. 갈 때처럼 올 때도 많은 사람들 속에서 부대껴야만 했다. 그래도 시작이 반이라고 무사히 귀가하고 보니 뭔가 큰일을 해낸 듯 뿌듯했다.

목
차

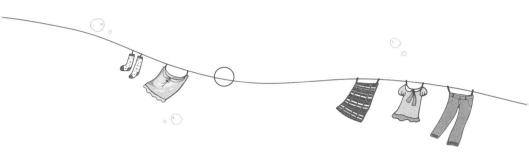

Chapter 1. 부르심의 예고

Chapter 2. 부르심과 연단

Chapter 1

부르심의 예고

❖ 친구의 전도를 외면하다

　결혼 전에 내가 부모님께 물려받은 유산이라곤 가난이 전부였다. 그 무렵 만난 남자, 후일의 내 남편 유기영 씨. 모두가 반대했고 잘 못된 만남이라고 했지만, 결혼해서 잘 살아 보리라 굳게 마음먹고 가정을 이루었다.

　결혼 후, 그는 가정에는 성실했지만 영업이라는 업무 특성상 하루도 술을 마시지 않는 날이 없었다. 다행히 가정의 경제권이 내게 있었기에, 남편의 취중 실수를 막을 수 있어서 살아가는 데 큰 문제는 없었다. 나는 적금도 들고, 계도 부으며 조금씩 돈을 모았다.

　신혼 초에는 전세로 시작했지만 어느 정도 지나서는 작은 집을 살 수 있게 되었다. 남편은 직업상 술을 멀리할 수 없었다. 하지만 지금처럼 월급만 제대로 가져다주면 상관없다고 스스로를 위로했다.

　그럭저럭 세월이 흘렀다. 아이를 키우고 친구들 모임에도 나가면서 나름 즐겁게 지내고 있었다.

세 살이 된 큰딸에 이어 둘째를 임신하고 있었을 즈음이다. 중학교 동창이었던 친구가 우리 집에 찾아왔다. 뜬금없이 찾아온 친구는 요즘 교회에 나간다고 했다. 그 친구는 원래 불교 신자라서 그 애가 절에 갈 때면 같이 따라가곤 했는데, 불쑥 찾아와서는 심각하게 하는 말이 예수를 믿게 되었다는 것이다. 게다가 새벽마다 나가서 기도하는데 내가 계속 떠올랐단다. 그건 그 사람을 전도하라는 뜻이라고. 나는 "미친 소리 하지 말고 당장 가!"라며 냉정하게 밀쳐냈다. 그런데도 그 친구는 무안해 하지 않고 계속해서 찾아왔다.

친구가 자꾸 오는 것이 싫어서 남편이 출근하고 나면 아이를 업고 집을 나와 버렸다. 언제는 절에 가서 불공을 드리면 소원이 이뤄진다고 나를 데리고 가더니, 이제는 예수 믿고 구원 받으라니. 어이가 없었다.

생각해 보면 초등학교 3학년 때 잠깐, 담임선생님을 따라 교회에 간 적이 있었다. 담임선생님은 풍금을 치면서 찬송가를 알려주시고, 학교에서 가르치실 때보다 더 친절하게 대해 주셨다. 그런데 몇 년이 흐른 어느 날, 그 선생님께서 폐병으로 돌아가셨다는 소식을 들었다.

'왜 하나님은 하나님을 잘 믿는 선생님을 데려가셨을까?'

나는 그때 사람은 나이든 노인만 죽는다고 알고 있었기에, 젊은 선생님의 죽음이 도통 이해가 되지 않았다. 그 후로 나는 교회에 나가지 않았다.

❖ 광풍이 불어오다

결혼한 지 4년째. 넉넉하진 않아도 그럭저럭 평화롭게 살았다. 그런데 어느 날 퇴근하고 돌아온 남편이 잔뜩 상기된 얼굴로 말했다. 지인을 통해 싸게 들어온 물건이 있는데, 그것을 한꺼번에 사서 창고를 빌려 보관해 두었다가 값이 오른 다음에 팔면 금세 부자가 될 수 있다고. 그러면서 내게 돈을 좀 마련해 보라며 설득했다.

나름 매사에 신중하다 자부하던 나였는데, 큰돈이란 말에 눈이 멀어 고민 없이 남편을 돕기로 했다. 모아둔 돈으로는 부족하다 싶어 빚을 내어 거액을 투자했다. 하지만 한 달 안에 들어온다던 물건은 오지 않고 차일피일 시간만 끌었다. 문득 불길한 생각이 들었다. 하지만 소개해 준 사람이 믿을 만했기에 기다려 보기로 했다. 그러나 한 달이 지난 뒤 사기 당했다는 사실을 알게 되었다. 우리 가족의 생명 같은 돈들이 다 날아가 버리고 만 것이다. 그뿐인가. 빚이라는 낯선 불행이 걷잡을 수 없을 정도로 불어 닥치기 시작했다.

그 때인 돈만으로도 휘청거릴 지경인데, 남편은 한 술 더 떠 나 모르게 직장에서 돈을 차용해서까지 일을 크게 벌여놓은 상태였다. 이 일로 남편은 직장을 그만두게 되었고, 실의에 빠져 밤낮없이 술로 살았다. 직장도 없고, 생계문제까지 압박을 받게 되니 막막하기 그지없었다.

다행히 굵직한 문제들은 큰시숙님께서 거의 해결해 주셨다. 그런데 그 일로 큰시숙님은 내게 씻을 수 없는 상처를 남겼다.

"이래서 집에 여자가 잘 들어와야 해. 너희가 갈 곳 없으면 시골로 내려가 부모님과 함께 살아야지 별 수 있겠냐."

큰시숙님의 이 한마디는 오래토록 나를 아프게 했다. 나는 친정에서 반대하는 결혼을 했기 때문에 잘 살아보려고 무던히 애썼다. 한데 이런 날벼락을 맞게 되다니. 돈 잃고, 사람 잃고, 건강까지 한꺼번에 잃었다.

순식간에 정신상태도 가정생활도 엉망이 되어 갔다. 도무지 헤쳐나갈 방책이 떠오르질 않았다. 철부지 아이들마저 한숨짓는 엄마 때문에 덩달아 풀이 죽었다. 아이들에게 말할 수 없이 미안했다. 자식들 때문에라도 나는 강해져야 된다 다짐하며 일자리를 찾았다.

그러던 어느 날. 평소에 알고 지내던 재력가가 새로이 회사를 차렸다며 남편에게 함께 일해보자 제안을 해왔다. 그 사람이 무척 고마웠다. 나는 먼저 그 회사를 둘러보고 확실한 회사임을 확인한 뒤, 남편이 출근하는 것에 동의했다.

남편은 월급을 전보다 많이 받았다. 대우도 좋았다. 실의에 빠진 자신에게 일자리를 준 것이 한없이 감사해선지, 남편은 전보다 더 성실하게 근무했다.

그러나 업무로 사람 만나는 일이 많아지다 보니 술대접 하는 일도 점차 빈번해졌다. 나는 그 같은 상황을 이해하면서도 남편의 건강이 염려되었다. 예전에는 아무리 술을 많이 마시고 들어와도 다음날 아침 일찍 일어나 출근하던 남편이었다. 한데 이번 직장에서는 피곤을 이기지 못했다. 그나마 성실하게 일하는 남편의 노력 덕분에 회사는 점차 거래처가 확장되고 안정적으로 기반을 다져 갔다.

그러던 어느 날 사장이 남편을 부르더니 지금 하고 있는 일을 다른 직원에게 가르쳐 주라고 했다. 회사 업무가 많아져서 분담을 시키려나 싶어 남편은 별 의심을 하지 않았다. 허나 직원에게 일을 전수시켜 주고 나자 다음날로 사장은 남편을 해고했다. 호의의 가면을 쓴 그들에게 철저하게 이용당했던 것이다. 남편은 말할 것도 없고 회사 사정을 훤히 아는 나도 억장이 무너져 내렸다. 결국 약자는 강자에게 당할 수밖에 없다는 사실을 깨닫고 돌아서야 했다.

그 일로 인해 남편은 완전히 삶의 의욕을 상실하게 되었다. 실의에 빠져 한동안 폐인 같은 삶을 이어갔다. 나 역시 그 일이 가져온 충격과 박탈감으로 삶의 밑바닥을 헤매고 있었다.

우리의 형편이 날이 갈수록 어려워지자, 자주 왕래하던 사람들의 발걸음도 점점 멀어져 갔다.

❖ 신앙의 첫 출발

우울한 우리 집 소식을 전해 들은 중학교 동창이 아이들 간식거리와 몇 가지 생필품을 들고 찾아왔다. 자존심 상하고 창피했지만, 한편으론 그렇게나마 챙겨주는 친구가 고마웠다. 그러던 어느 날, 드디어 친구가 교회에 같이 가자고 권했다. 허나 친구의 권면이 내 귀에 들어올 상황이 아니었다. 친구는 또 며칠 후 손바닥 만한 성경책을 내 손에 쥐어주고 갔다.

내 처지가 이렇게 되니까 쉬워 보인 모양이지? 그런 마음에 사로잡히자 몹시 불쾌했다. 놓고 간 성경책을 만지작거리며 속으로 투덜댔다.

'배고픈 사람에겐 밥이 필요하고, 목마른 사람에겐 물이 필요하고, 돈 없는 사람에겐 돈이 필요한데, 웬 성경책을 주고 가나.'

나 자신이 한없이 비참하게 여겨졌다. 그런데 하루 이틀이 지나자 이상하게 성경책이 눈에 들어왔다. 나도 모르게 조금씩 성경을 읽기 시작했다. 그 안에는 내가 생각지 못했던 많은 이야기가 있었다.

오랜 시간이 흐른 뒤 그 친구에게 왜 그렇게 작은 성경책을 줬느냐 물었다. 글씨가 너무 작아서 읽는데 애먹었다면서. 그러자 그 친구는 큰 성경책을 주면 내던져 버리거나 끝내 교회에 안 나갈 것 같아서 그랬노라 했다.

그 후 친구는 본격적으로 예수 믿을 것을 권했다. 내가 교회에 나가 기도하면 남편을 다시 일으켜 세울 수 있고, 가정 또한 일으킬 수 있다면서 꿈같은 희망을 자꾸 불어넣었다.

교회만 나가면 모든 문제가 다 해결된다는 것이었다. 마음이 복잡해 죽겠는데 친구는 지치지도 않는지 나를 계속 찾아왔다. 하지만 그 후로도 얼마동안 더 무반응인 나의 태도에 실망했는지 말없이 돌아갔다.

한동안 발걸음이 뜸하던 친구가 두 손 무겁게 아이들 간식을 챙겨 들고 다시 왔다. 그동안 멀리 있는 기도원에 다녀왔다고. 3일 동안 금식을 했는데, 하나님으로부터 놀라운 선물을 받았다는 것이다. 나는 기도원은 뭐고, 왜 3일씩이나 굶으면서 기도를 하며, 어떻게 기도를 해야 응답을 받는다는 것인지, 도무지 생소하고 이해가 되지 않았다. 그러면서도 은근히 호기심이 생겼다. 꼭 나같은 사람이 가야 될 것 같았다. 하지만 친구 앞에선 그런 내색을 하지 않았다. 친구는 한동안 내 마음을 더 불편하게 휘저어 놓고 돌아갔다.

다음날 주인집 아주머니가 금요 구역예배를 드리자고 했다. 전에는 한 번도 교회에 나가자 권하지 않던 사람이 내가 망하고 나니까 접근하나 보다 싶었다. 이래저래 자격지심만 쌓여 갔다.

그날 구역예배엔 5~6명이 모였는데 모두 아는 사람들이었다. 방안에 모인 사람들이 나에게 들어오라 끌어들였다. 함께 예배드리자는 말에 왠지 창피했지만, 못 이기는 척 따라갔다. 예배가 시작되고 찬송을 불렀다.

내 모든 시험 무거운 짐을 주 예수 앞에 아뢰이면
근심에 싸인 날 돌아보사 내 근심 모두 맡으시네
무거운 짐을 나 홀로 지고 견디다 못해 쓰러질 때
불쌍히 여겨 구원해 줄 이 은혜의 주님 오직 예수

아주 작정을 하고 나를 향해 부르는 찬송 같았다. 하지만 가만히 듣고 있으니 찬송가가 내 마음을 움직이게 했다. 눈물이 볼을 타고 흘러내렸다.

'왜 이들 앞에서 눈물을 보인단 말인가? 내 꼴만 더 우스워 보이게……'

애써 참으려고 했지만, 결국 펑펑 울고 말았다. 그들은 이미 내 사정을 알고 있는 사람들이기에, 거기에 더 있을 수가 없었다. 창피한 생각에 사로잡힌 나는 후다닥 그 자리를 털고 나와 버렸다.

'그래 나는 지금 쓰러졌고, 내 신세는 불쌍하게 돼버렸다. 이제부터 내 삶을 어떻게 추스려야 하며, 어떻게 하면 저들이 알고 있던 예전의 내 모습으로 돌아갈 수 있을까?'

집으로 돌아온 나는 속으로 이런저런 생각을 하면서 눈물을 흘렸다.

며칠 후 친구가 또 찾아왔다. 나는 친구에게 기도원은 어디에 있으며 금식은 어떻게 하느냐고 물었다. 그때까지 교회에 등록을 해야만 기도원에 갈 수 있는 줄 알았던 나는 며칠을 망설이다가 집 옆에 있는 연희침례교회에 등록했다. 신앙의 첫 출발이었다.

그러나 형편은 점점 더 어려워졌다. 할 수 없이 서울의 변두리인 봉천동 산밑 동네로 이사를 했다. 생활은 다소 불편할지라도 남을 의식하지 않고 살기엔 좋을 것 같았다. 그런데 오래 왕래하며 지내온 이웃들 곁에서 멀어지고 보니 의지할 사람이 아무도 없었다. 더 불안하고 외로웠다.

이사 후 가까운 거리에 있는 예장합동교회에 등록했다. 처지가 비슷한 사람들과 지내고 싶어서 일부러 규모가 작은 개척교회를 찾아갔다. 성도가 많지 않은 교회라서 더 정겹고 사이좋게 지낼 줄 알았는데, 생각과는 달랐다. 그래도 나름 열심히 교회에 출석했지만, 내 삶은 아무것도 달라지는 것이 없었다. 딱히 내가 할 일도 없었다. 해서, 성경책을 읽기로 했다. 홀로 성경에 의지하며 매일 한풀이를 겸하여 두서없이 기도 생활을 시작한 것이다.

그때 남편을 말리지 못한 것을 가슴 치며 하나님 앞에서 반성했다. 하나님이 계시면 제발 나를 도와달라고 간구했다. 애들을 봐서라도 살려 달라고 애원했다. 특히 전에 친구가 찾아와서 교회에 나가라고 했을 때 건방지게 굴고 예수 믿지 않은 잘못을 뉘우치며 거듭 회개했다.

한동안 이런 삶이 계속되었다.

❖ 하늘 문이 열리다

어느 날 집에서 기도하는데 갑자기 몸이 뜨거워지면서 알지 못하는 말이 쏟아졌다. 이제 내가 돌았나 싶었다. 멈추려 해도 도저히 멈출 수가 없었다. 소리가 밖으로 나갈까봐 이불을 뒤집어 쓰고 기도를 계속했다. 그리고 더 신비한 체험을 했다. 나는 이제 이전의 내가 아니었다.

매일 이런 일이 반복되니까 아이들이 놀라서 옆집에 사는 집사님을 불러왔다. 집사님은 조심해서 하라고 했다. '내가 뭘 잘못 했나? 이런 은혜를 받으면 안 되는 건가?' 싶었다. 그럼에도 내 안의 기쁨은 충만했다. 매일 더 끈질기게 기도했다.

그즈음 우리 가정은 뜻하지 않은 소식을 접했다. 어떤 이웃이 허술한 무허가 집이 싸게 나왔으니 얼른 잡아두라 했다. 집이 허술한 것은 고쳐 살면 되겠지만, 문제는 돈이었다. 그런데도 기도를 할 때마다 그 집을 사야겠다는 생각이 들었다. 남편은 공연히 일을 만들지 말라고 했지만, 나는 그 집을 사기로 작심했다. 방이 2개니까 큰 방은 세를 놓고 우리 네 식구는 작은 방에서 살면 될 것 같았다.

그렇게 우린 모자란 돈을 마련하여 이사했다. 가장 가난할 때 처음으로 우리 집을 마련한 것은 우연이었을까?

낡은 집에 남편이 페인트칠을 하고, 나는 청소를 하며 합심하여 수리를 했다. 집은 점차 모양새가 갖춰졌다. 이사하고 난 뒤 교회에서 처음으로 철야라는 것을 했다. 썩 자신은 없었지만, 하나님께 내가 할 수 있는 것으로나마 보답하고 싶었다. 물질을 드리는 헌신은 할 수 없는 처지인지라, 몸으로 하는 일은 겁낼 것이 없다 생각했다

신기하게도 기도를 하면서 하나둘씩 문제가 해결되어 갔다. 더욱 기도에 불이 붙기 시작했다. 하루 속히 남편을 세우고 아이들의 주림을 채워야겠다는 생각뿐이었다. 얼마간의 세월이 지난 후, 우리가 사는 곳이 재개발 지역으로 결정이 나서 집값이 오르게 되었다. 우리는 봉천동 집을 팔기로 했다.

이사할 마땅한 집을 찾다가 신길동으로 이사하기로 했다. 그곳에서 무허가지만 평수가 넓고 한옥처럼 지어진 남향집을 만났다. 부동산업자는 골목 안에 들어선 데다 언덕배기에 위치한 집이라서 물 사

정이 안 좋다고 했다. 그래서 보고 가는 사람들만 있고 사려는 사람이 없어서 싸게 내놓은 것이었다. 조금 무리긴 했지만 결국 그 집을 사게 되었다.

이사 후 아랫집에 사는 권사님께서 우리가 교회에 다닌다는 것을 알고, 자신이 출석하는 교회를 소개했다. 규모가 큰 기독교장로회 소속 교회였다. 권사님의 계속된 권유로 그 교회에 등록하였다. 아랫집 윗집에 살며 한 교회 교인이 되다 보니 가족 같은 느낌이 들었다. 알고 보니 그 권사님은 새벽기도, 철야기도, 산기도 등을 하며 신실한 믿음생활을 이어가고 계신 분이었다. 나는 기도의 동지를 만나서 무척 기뻤다. 실제로 신앙생활을 하면서 나는 권사님으로부터 많은 도움을 받았다. 차츰 그곳에서 신앙의 뿌리를 내리고 싶은 마음이 간절해졌다.

그때는 미처 알지 못했다. 많은 환란과 시련이 줄지어 나를 기다리고 있다는 것을. 삶이 나를 깊은 수렁과 웅덩이, 풀무불, 사자굴 속으로 몰아넣기 시작할 것이라는 것을.

❖ 홀로서기

홀로 선다는 것은 힘들고 외로운 일이다.

새로 이사한 동네가 쉬이 정이 들지 않았다. 봉천동에서 살 때는 아이들과 개울가에서 물놀이하고, 산에 가서 나물도 캐고, 꽃도 꺾으며 자연이 주는 소소한 즐거움이 있었다. 허나 신길동에 이사 온 후로는 오직 고난의 연속이었다. 줄 지어 몰아닥치는 환란과 시련 앞에 주체할 수 없이 마음이 흔들리고 낙심될 때가 많았다. 아무에게도 기댈 사람이 없다는 게 서글펐다. 그래도 마음을 다잡고 기도에 매달렸다. 한데 기도하면 할수록 기도보다 더 큰 문제가 나를 짓눌러 왔다. 뒤로 물러설 수도, 앞으로 나아갈 수도 없는 막다른 길이었다.

가장 큰 어려움은 갑작스럽게 남편이 간경화 선고를 받았을 때였다. 숨이 막히는 것 같았다. 나 같은 처지의 사람이 또 있을까? 세상이 온통 어둡게만 보였다. 어려움에 처하니 형제들이 생각났다. 남편에겐 9남매, 내 친가엔 8남매의 형제가 있다. 한데 그 많은 형제들 가운데 아무도 예수 믿는 사람이 없었다. 남편과 나는 양가에서 신앙의 개척자였던 것이다.(현재는 모두가 예수를 믿는 복음의 가정이 되었다.) 그 많은 형제 중 남편의 회복을 위해 기도해 줄 수 있는 이가 단 한 사람도 없다는 사실이 너무 외롭고 서글펐다. 뾰족한 방법은 없었지만 어쨌든 살아야 했기에 나는 가정예배를 시작했다. 그리고 예배가 끝나면 남편의 병 고침을 위해 기도했다.

하루 이틀 별 다른 차도 없이 시간이 흘렀다. 이러다간 정말 남편이 잘못될 수도 있겠다는 생각이 들었다. 그때 처음으로 기도원에 갔다. 어디서 그렇게 많은 사람이 온 걸까. 그곳에는 수많은 사람들의 기도 소리가 가득했다. 기도 소리는 천정을 뚫을 듯했다. 나도 그 속에 끼어 앉았다. 전심으로 기도에 매달렸다. 산에 올라가 소리치며 미친듯이 기도했다. 병든 남편과 어린아이들을 집에 두고 왔기에 조금의 시간도 허투루 보내거나 지체할 수가 없었다.

점점 기도의 불이 붙기 시작했다. 그런데 문득 정신을 차리고 보니, 남편의 병을 고쳐 달라는 기도가 아닌 다른 기도를 하고 있었다. 내가 기도를 하는 것이 아니라, 엄청난 위력의 기도가 나를 이끌어 가는 듯했다. 집회시간을 놓칠 정도로 기도에 빠져들었다. 이전 기도와 달랐다. 마음에 평안이 물밀 듯 밀려오며 기쁨으로 충만해졌다. 모든 것을 이겨낼 수 있는 힘과 용기가 생겼다. 그토록 어둡게만 보이던 세상이 달라 보였다.

열흘 금식기도를 마치고 돌아왔다. 허나 우리의 형편은 조금도 변한 것이 없었다. 그러나 자주 낙심했던 이전과는 달리, '한번 해 보자! 하면 되지!' 하는 믿음이 생겼다. 그날 밤에도 교회 성전에서 밤늦도록 철야기도를 드렸다. 내 기도소리가 너무 컸던 것일까? 주변에 기도하던 권사님들이 "절제해야지. 저만 기도하나?" 하고 염려를 했다. 그래도 통성기도를 멈출 수가 없었다. 그것은 살기 위한 몸부림이었다. 인생에 실패하고, 가난과 질병의 삼중고를 안고서 나는 날마다 그렇게 기도할 수밖에 없었다.

Chapter 2

부르심과 연단

❖ 기도 단련 후 단독 목회를 시작하게 하셨다

나는 기도 중독자가 되었다. 기도하지 않으면 죽을 것만 같았다. 무식할 정도로 기도했다.

1970~80년대 우리나라엔 성령 충만한 역사가 불같이 일어나던 때였다. 나는 아이를 업은 채 가마니를 깔아 놓고, 북치며 찬송하는 천막집회에 매일 쫓아다녔다. 천막집회는 가는 곳마다 인산인해를 이루었고, 성령의 역사가 도처에서 일어났다. 매일 기도의 은사자들이 많이 생겨났다. 그러다 보니 잘못된 은사자들이 출현해 교회에 문제를 일으키기도 했다.

사람들이 나를 은사자라고 불렀다. 조심스러웠다. 어느 날부터인가 하나님은 병든 자, 문제를 안고 있는 이들을 내게 붙여 주셨다. 그리고 가정을 찾아가 예배드리게 하셨다. 이후 하나님께선 나로 하여금 가정예배를 통한 단독 목회를 시작하게 하셨다.

연일 기도 사역을 이어갔다. 내가 하나님의 일을 하고 있을 때,

하나님께선 우리 가족을 잊지 않으셨다. 남편은 혈색이 점점 좋아지고 몸도 호전되어 갔다. 나날이 나의 사역이 동서사방으로 넓혀졌다.

1년이 지난 어느 날, 남편의 입이 돌아갔다. 끝없는 시험의 연속이었다. 사람들은 제대로 먹지도 못하고 신경을 많이 써서 구안와사가 왔다면서 한약도 먹고 침도 맞으라 했다. 하지만 모두 소용이 없었다. 하는 수 없이 아이를 업고 보따리를 싸서 남편과 함께 기도원에 올라갔다. 그러나 아무리 기도해도 남편의 돌아간 입은 회복되지 않았다. 남을 위해 기도한다고 하는 사람이 자기 남편 입 돌아간 것은 고칠 수 없느냐는 소리가 들리는 듯했다. 의기소침해져 있는 내게 문득 하나님께서 이렇게 물으시는 것 같았다.

'너 이래도 기도할래?'

나는 주저하지 않고 대답했다.

'네. 그래도 기도할래요. 기도하겠습니다. 그러니 제발 나 좀 도와주세요.'

남편이 아직 회복되지 않은 와중에도 나는 다시 기도 사역을 이어갔다. 그러던 어느 날 아침, 남편이 나를 보며 "나 입이 돌아왔지?" 하는 게 아닌가? 정말 입이 제자리에 돌아와 있었고, 말하는 것도 온전했다. 감사의 눈물이 펑펑 쏟아졌다. 나는 그 자리에서 무릎을 꿇었다.

'역시 하나님께서 함께하고 계셨구나.'

나는 다시 한 번 기도가 능력이고 답인 것을 깨닫게 되었다.

❖ 바람 잘 날이 없네

하루는 세입자들이 우리 집에서 저녁마다 예배드리는 것이 시끄러워 불편하다고 했다. 그들은 모두 불교 신자였다. 그래도 별 말없이 잘 지내왔는데, 갑자기 트집을 잡고 나섰다. 나는 기한도 다 되어가니 방을 다른 사람에게 놓겠다고 했다. 그다음 날 세입자 세 명이 이사 나가겠으니 계약금을 달라고 했다. 나는 방이 나가는 대로 순차적으로 주겠다고 했지만 그들은 막무가내로 당장 계약금을 내놓으라고 했다. 여러 곳에 방을 내놓고 집중적인 기도에 들어갔다. 하지만 방을 보러오는 사람이 없었다.

그 후 그들은 시간만 나면 마당에 모여서 아이들과 웃고 떠들며 시끄럽게 했다. 마치 골탕이라도 먹이듯이. 방은 안 나가는데 세입자들이 저렇게 나오니, 머리가 지끈지끈 아파왔다. 도저히 견딜 수가 없으니 그들의 입을 막아주시던지 방을 빨리 나가게 해 달라고 부르짖으며 철야기도에 매달렸다. 어느 날 기도를 마친 후 다른 날 아침보다 조금 늦게 집에 들어왔다. "쾅쾅" 급하게 대문 두드리는 소리에 나가보니, 옆방 아저씨가 입을 마스크로 가린 채 들어섰다. 나는 무슨 일인가 궁금했지만 굳이 묻지 않았다. 나중에 알고 보니 자전거를 타고 출근하다가 전봇대에 부딪쳐서 윗니, 아랫니가 한꺼번에 다 부러졌다고 한다.

그 후 세입자들은 더 이상 마당에 모여서 웃고 떠들지 않았다. 예배드리는 것이 불편하니 한꺼번에 계약금을 달라던 그들은 조용해졌다. 아! 하나님이 들으셨구나. 사자굴 속에 던져진 다니엘을 구하기 위해 하나님께서 사자들의 입을 봉하셨다는 말씀이 생각났다.

나의 하나님이 이미 그의 천사를 보내어
사자들의 입을 봉하셨으므로
사자들이 나를 상해하지 못하였사오니
이는 나의 무죄함이 그 앞에 명백함이오며 (단 6:22)

그 후 세 개의 방은 모두 순조롭게 새로운 세입자들이 들어왔다.

❖ 행복은 잠시 머물다 갔다

얼마 후 남편은 제약회사 영업사원으로 다시 취직했다. 우리 가정에 환한 빛이 들어오는 듯했다. 아이들이 좋아하는 모습에 나 또한 오랜만에 웃음을 되찾았다. 출근하는 남편의 어깨에선 전보다 더 밝은 기운이 느껴졌다. 매일 아이들과 함께 예배를 드렸다. 이런 날이 계속 되기를 간절히 기도했다. 남편은 꾸준히 실적을 늘려가며 회사에 잘 적응해 갔다. 가정을 위해서 성심껏 일하는 남편이 고마웠다.

한데 꿈은 오래가지 않았다. 영업상 먼 길을 오가다 보니 체력이 많이 소진되었고, 급기야 더 이상 버틸 수 없는 상태가 되었다. 결국 남편은 건강상의 이유로 직장을 그만두게 되었다. 다시 이전의 일상으로 돌아가 아이들과 소일하며 지냈다. 행복은 그렇게 잠시 아주 잠시 내 곁에 머물다 가 버렸다.

언제부턴가 목사님과 기도하시는 분들이 우리 부부를 보고 사명자인 것 같다는 말씀을 하셨다. 그러니 기도해 보라시며 시간 끌지 말고 신학교에 가라고 했다.

'우리 같은 사람이 무슨⋯⋯.'

나는 말도 안 되는 소리라고 치부하며 무시해 버렸다. 하지만 그 얘길 듣고 난 뒤부터는 사명자라는 단어가 마음을 불편케 했다.

그래도 기도자의 전언을 무시할 수 없기으로 기도원에 갔다. 그들의 말이 잘못된 것임을 확인받고 싶었고, 만약 그렇다고 해도 잘못된 선택이니 하나님의 뜻을 돌이켜 달라고 애원하고 싶었다. 그러나 하나님께서는 오히려 더 강한 확신을 주셨다.

"내가 너를 구속하였고 지명하여 불렀다."

갑자기 무거운 짐에 눌리는 것 같았다.

"하나님, 그것은 안 됩니다. 그럴 순 없어요."

나는 한참을 더 기도했다. 어찌나 눈물을 흘렸는지 이제 막 해산한 산모처럼 얼굴이 퉁퉁 부어 있었다. 수많은 사람 중에 왜 하필이면 우리 같은 사람을. 집에 가고 싶지가 않았다. 멍하니 앉아서 지는 해를 바라보면서 눈물을 닦았다. 날더러 어떻게 살라고 이러시는 건가? 그때 음성을 들었다.

"언제는 네 힘으로 살았니?"

난 그 자리에 엎드렸다. 근심과 걱정, 두려움이 물러갔다. 하나님이 준비하실 것을 믿고 집으로 돌아왔다.

❖ 웅덩이에 빠진 나를 웃게 하셨다

어느 날 남편을 사역자로 부르신 것에 대해 상담하러 담임목사님을 찾아갔다. 내 생활을 걱정하시면서 더 많이 기도하라고 하셨다. 그리고 교회에서 도움을 줄 거란 기대는 갖지 말라고 했다. 자존심이 무참히 짓밟히는 것 같았다. 바닥으로 내동댕이쳐진 기분이었다. 가난 때문에 목회자에게마저 무시를 당했다고 생각하니 가슴이 먹먹했다. 기도 많이 하라고만 했다면 참을 수가 있었다. 한데 도움받을 거라 생각하지 말라니. 형편이 어려운 사람은 자존심도 없는 줄 아나. 아무리 생각해도 목사님이 너무 하신 것 같았다. 목사님에게 모욕을 당했다고 생각하니, 가정예배도 드리기 싫고 철야예배도 가고 싶지 않았다. 섭섭한 마음을 주체할 수가 없었다.

며칠이 지났을까? 멍하니 앉아 있는데 큰딸이 성경책을 챙기며 가정예배를 준비하는 것이었다. 나는 "저리 치워!" 소리치며 성경책을 밀어 버렸다. 큰딸은 깜짝 놀라서 성경책을 집어 들며 울었다. 왜 우느냐고 야단치자, "다 엄마 때문이야"라며 대답이 끝나기도 전에 딸의 입이 한순간에 휙 돌아갔다. 나는 큰딸을 끌어안았다.

"왜 이러는 거야? 이게 뭐하는 짓이야?"

아이의 얼굴을 감싸고 입을 당겨 봤지만, 돌아간 입은 그대로 멈춰 버렸다. 멀쩡하던 자식의 입이 돌아간 모습을 보고 있자니, 억장이 무너졌다.

"하나님, 이러시면 안 되지요. 제게 왜 이러시는 거예요? 목사님이 저한테 모욕을 주신 것도 서러운데, 하나님마저 제게 왜 그러시는 겁니까?"

하나님은 목사님 편에 있는 것 같았다. 차라리 나를 치시지, 어린 딸이 무슨 죄가 있느냐며 대성통곡을 했다. 하나님과 목사님께 불평하며 철야예배와 가정예배를 드리지 않아서 생긴 일이라면 용서해 달라고 회개했다. 기도하는 사람들과 함께 작정예배를 드리고 기도원에 갔다. 금식하며 밤낮으로 오직 기도에만 매달렸다. 시간은 흘러가는데도 딸의 돌아간 입은 그대로였다. 낫지 않으면 어쩌나 싶어 애가 탔다. 그때 나를 본 사람들은 내가 정신 나간 사람 같았다고 말했다.

절망의 바닥을 헤매고 있을 즈음, 기적이 다시 일어났다. 작정기도를 시작한지 40일 되는 날 기도시간에 딸의 입에서 방언이 터지면서 입이 제자리로 돌아왔다.

하나님의 은혜를 경험한 큰딸은 믿음 안에서 성장하여 미국 에모리대학교에서 목회상담학 박사학위를 취득했다. 하나님은 우리를 깊은 웅덩이에서 건져내시고 마침내 크게 웃게 하셨다.

❖ 종합 검사

　1979년 여름 무렵, 21일 금식을 작정하고 하나님께 종합 검사를 접수했다. 하나님의 종이 되기 위해 신학교에 가겠다고 결심은 했지만 당장 어떻게 해야 할지 너무 막막했다. 신학교는 어디로 정해야 좋을지 사전 정보도 없고, 주위에 조언을 구할 만한 사람도 없었다. 또 학비는 어떻게 마련해야 할지에 대한 대책도 없었다. 게다가 마흔이 넘은 남편은 건강까지 악화돼 있었다. 이런 그가 신학 공부를 한다는 것이 과연 가능할까? 현실을 생각할수록 마음이 답답해졌다.

　그럼에도 불구하고 하나님께서 명하신 것을 포기할 순 없었다. 오직 믿음으로 하나님께 매달릴 수밖에 없다는 생각에 21일 금식기도를 결정했다. 떠나기 전 주변을 정리해 두고 내가 내려올 때까지는 기도원에 찾아오지 말라 당부했다.

　기도원에는 수많은 사람들이 저마다 문제를 안고 기도하고 있었다. 나 또한 해내야만 된다는 각오로 기도를 시작했다. 닷새가 지날 때부턴 점차 몸이 지쳐갔다.

　'기도가 죽으면 내가 죽는다. 해결받기 위해서 기도 줄을 놓치지 않아야 한다.'

　필사적으로 나 자신을 일으키며 하나님 앞으로 나아갔다. 그럴 때마다 하나님께서는 내가 다시 기도할 수 있는 힘을 주셨다.

　금식 15일이 지났을 때다. 산에 홀로 앉아 있노라니 지난날들이 떠올랐다. 고통 속에서 수없이 흘렸던 눈물이 기도의 열매로 맺어지고 있음을 깨닫게 되었다. 기도 속에 소리치며 두 팔을 저었던 간절함. 얼마나 많은 눈물을 흘렸던가. 다시 또 뜨거운 눈물이 흘렀다. 회상에 잠겨 있던 나에게 주님이 찾아오셨다. 그리고 말씀하셨다. 그 모든 시간 속에 내 옆에 계셨고, 허공을 헤매던 내 손을 주님이 꼭 잡아 주셨다고. 주님의 음성은 나를 일어서게 했다. 나는 성전에 들어가지 않고 그 자리에 엎드려 기도했다. 은혜가 부어지면서 영의 세계가 열렸다.

나는 하늘의 것으로 충만해졌다. 하나님께서는 남편이 신학교에 갈 수 있도록 준비해 두셨다고 했다. 앞으로 되어질 일들을 보여 주셨다. 세상 것을 다 얻은 것처럼 가슴 벅차고 황홀했다. 체험해 본 자만이 알 수 있고, 느낄 수 있는 기쁨이었다.

저물 때 포도원 품꾼으로 불러서 일을 시킨 주인은 이른 아침에 와서 일한 일꾼들과 똑같은 삯을 주었다(마20:1~16). 늦게 부름 받은 남편 역시 처지가 같다고 생각하며 부지런히 일하는 품꾼이 되기를 기도했다. 무익한 사람을 불러주시고 소명을 주심에 감사했다.

나는 또 한 번 간절한 마음으로 서원기도를 드렸다. 내게 아들을 주셔서 하나님의 종으로 드릴 수 있게 해 달라고. 하나님은 이 기도에도 응답해 주셨다. 그 서원 속에서 태어난 아들은 총신대 신학대학원과 일반대학원에서 수학한 뒤, 현재 한우물교회 담임목사로 사역하고 있다.

금식 21일째 되던 날. 수백 명이 모여 있는데, 강단에서 시험에 합격한 사람들의 이름을 호명했다. 5명을 부르는데, 그 중에 내 이름도 있었다. 깜짝 놀라서 깨고 보니 꿈이었다. 주위 사람들은 모두 자고 있었다. 나는 종합 검사에 통과되었음을 믿고 감사했다. 앞으로 주님께서 이루어 가실 모든 일들에 최선을 다하는 충성스런 일꾼이 될 것을 다시 한 번 다짐했다.

> 여호와께 피함이 사람을 신뢰함보다 나으며
> 여호와께 피하는 것이 고관들을 신뢰함보다 낫다 (시118:8~9)

기도는 힘들고 어렵다. 내게 있어서 기도는 노동 중에서도 상노동과 같다. 땀과 눈물, 끈질김을 필요로 했다. 그러나 기도는 깊은 소망과 능력, 기적을 길어 올리는 열쇠이다. 사방이 막혀 있고 길이 보이지 않을 때, 오직 기도만이 해결책이고 살 길이다. 이것이 감춰진 기도의 비밀이다.

❖ 기도의 담보물을 자처하다

1980년 7월, 우리 구역 집사님 가정에 일이 생겼다. 중학교에 다니는 외손자가 시험을 보다가 커닝한 것이 발각되어 부모님을 모시고 오라는 말을 듣고 그대로 학교에서 뛰쳐나가 행방불명이 되었다. 하루 이틀 지나면 들어올 줄 알았는데, 일주일이 지나도 감감무소식이었다. 학교, 가족, 친척, 지인들까지 모두 비상이 걸렸다. 각 신문과 TV 방송에 아이를 찾는다는 기사가 실렸다. 또한 가족과 지인들이 각 지역으로 흩어져 전단지를 돌리고 곳곳마다 전단지를 붙이는 등 다양한 방법을 동원했다. 허나 애타게 시간만 흘러갔다.

학생 가족은 교회를 다니지 않았고, 우리 교회와 멀리 떨어진 곳에서 살고 있었다. 할머니가 교회 집사님이라서 교회에서도 광고를 하고 성도들에게 기도를 부탁했다. 구역장인 내게도 외손자를 위한 작정기도를 부탁해 왔다. 두 달이 채 안 된 셋째 아기가 있어서 기도하는 것이 자유롭지 못했지만, 구역 식구들과 함께 집사님 가정에서 일주일간 작정예배를 드리기로 했다.

사람들은 학생 엄마에게 살았는지 죽었는지 점이라도 보러 가라고 했다. 나는 절대 안 된다며 예배에 참석시켰다. 갓난아기를 업고 예배드리러 다니는 나를 이웃은 한심하다는 듯 바라보았다. 사람들의 시선과 상관없이 우리는 뜨겁게 기도했고, 기도가 깊어질수록 날마다 부흥회 같은 기도의 불이 일어났다. 허나 작정한 날은 끝나가고 있음에도 학생에 대한 소식은 여전히 오리무중이었다.

나는 하나님께 내가 이 사건에서 기도의 담보물이 되겠으니 학생을 찾을 수 있게 해 달라고 아침마다 금식하며 기도했다. 밤엔 남편에게 아이를 맡기고 교회에서 철야기도를 했다. 시간이 차츰 흐르면서 사람들은 집 나간 아이도 궁금하지만, '매일 기도한다고 하니 어디 찾나 보자' 하는 심사로 지켜보고 있었다.

내가 아이를 책임지고 찾아내겠다고 나선 것은 아니다. 다만 마음과 뜻, 목숨을 다하여 매달리는 기도가 남다를 뿐이었다.

하루는 철야기도에 나갔는데 평소에 안 나오던 남자 집사님이 와 있었다. 인사를 나눈 뒤 기도 자리로 가서 찬송하며 기도하는데, 시작부터 성령께서 강권적으로 나를 사로잡았다. 얼마나 소리치며 기도했는지 실신할 정도였다. 처음 철야에 나온 집사님은 내게 '그렇게 기도하면 안 된다'고 기도를 방해했다. 하지만 멈출 수가 없었다. 당시의 나는 아무 것도 두렵지 않았다. 나의 힘이신 하나님은 그 밤에 강력한 능력을 덧입게 하셨고 응답해 주셨다.

내가 네 기도를 들었고 네 눈물을 보았노라 (왕하 20:5)

교회에서 철야 중 비몽사몽 간에 잠실 운동장 같은 곳에 많은 관중들이 모여 환호하고 있는 장면을 보았다. 바로 장면이 바뀌면서 한 학생이 발보다 큰 신발을 신고 서 있는 것이 보였다. 허름한 옷차림을 한 채로 매우 힘들어 보였다. 깜짝 놀라서 눈을 떴다. 예사롭지 않은 느낌이 들어 집중하여 기도하기 시작했다. 왠지 기대감이 생겼다.

다음날 가출한 아이의 외할머니에게서 연락이 왔다. 어떤 청년이 자기와 함께 있는 학생이 찾고 있는 사람 같다며 전화를 했단다. 지금 가족들이 그 청년을 만나러 가니 함께 가자고 했다. 그 청년은 신문 배달을 하고 있었으나 신문에 난 기사는 읽지 못했고, 전선주에 붙어 있는 전단지 사진을 보고 연락했다고 한다. 아이가 오후 신문을 돌리러 나갔으니 와서 확인해 보라며 주소를 주었다.

주소지를 찾아가 보니 잠실운동장 뒤편에 있는 신문 보급소였다. 청년은 지금 학생이 신문을 돌리고 들어와 옥상에 올라갔다고 했다. 가족들이 나서면 도망칠 수 있으니 아이와 안면이 없는 내가 주변을 둘러보는 척하다가 학생을 꽉 붙잡기로 했다. 신호를 받고 올라가 보니, 아이가 우두커니 서서 먼 데를 바라보고 있었다. 발을 쳐다보니 자기 발보다 큰 운동화를 신고 있었다. 조심스럽게 다가가서 아이를 붙잡았다. 놀란 아이가 도망치려고 저항하는 바람에 나는 바닥에 나동그라졌으나, 끝내 아이를 놓지 않았다. 하나님의 계시대로 찾게된 현장에서 나는 학생을 붙들고 울었다. 뒤이어 달려온 가족들도 감격하며 더 크게 울었다. 하나님께 기도의 사람으로 쓰임 받았다는 것에 감사했다.

> 너는 내게 부르짖으라. 내가 네게 응답하겠고
> 네가 알지 못하는 크고 은밀한 일을 네게 보이리라 (렘 33:3)

❖ 그 밤에 통닭을

기도 사역을 하고 집에 올 때면 생필품을 챙겨 주시는 분들이 있어 생활에 큰 도움이 되었다. 사역하고 돌아올 때마다 생활에 필요한 것들을 공급해 주시는 하나님의 은혜와 사람들의 배려로 힘들고 지친 몸을 세워가게 하셨다.

그런데 하루는 빈손으로 귀가해야 했다. 아이들을 생각하니, 선뜻 문을 열 수가 없었다. 문 앞에서 머뭇거리고 있는데, 누가 급하게 오는 소리가 들렸다. 뒤를 돌아보니 가까운 곳에 사는 집사님이었다. 아이가 약을 먹었는데도 계속 고통스러워해서 기도를 부탁하려고 왔다는 것이었다. 늦은 시간이지만 동행해 달라고 재촉했다.

집사님 댁에 도착한 후 아이를 위해서 기도했다. 얼마 후 아이는 토한 뒤 크게 트림을 하였다. 조금 시간이 지나자, 호흡이 편안해졌고 점점 혈색이 돌아오며 안정을 찾아갔다. 기도를 마치고 집으로 돌아오는데 집사님이 쫓아 나왔다. 남편이 퇴근하면서 아이들 주려고 통닭을 사왔는데, 먹일 수가 없게 됐으니 가져가시라고.

'하나님은 그 밤에도 문 앞에서 서성대는 나를 보셨구나'

올망졸망 기다리는 아이들에게 빈손으로 아니 가도록 세심하게 챙겨 주시는 하나님께 감사했다.

곡식을 밟아 떠는 소에게 망을 씌우지 말라 (고전 9:9)

그 밤에 우리는 통닭을 맛있게 먹었다. 일하는 소에게 먹을 것을 주시는 하나님. 늦은 밤 피로감이 몰려왔지만, 통닭을 먹는 아이들을 보며 나는 내일 일을 준비해 두고 철야를 나섰다. 사방은 캄캄한데, 가로등 불빛만이 밤길을 비추고 있었다. 그 어둠을 뚫고 나는 성전을 향해 발걸음을 옮겼다. 오늘처럼 생활의 궁핍함으로 인해 상심하고 사역에 힘을 잃을 때도 있지만, 기도는 나에게 생명줄이기에 놓을 수

가 없었다. 날마다 하나님의 도우심이 없이는 살아갈 수가 없다고 엎
드렸다. 그때마다 주님은 내 삶에 힘과 용기를 주셨다. 그러니 어찌
기도에 소망을 두지 않을 수 있겠는가.

◈ 믹스커피 빈 봉지

봉천동에서 살 때다. 하루는 다니던 교회 담임목사님께서 우리 집
에 찾아오셨다. 내가 기도 사역을 한다는 소식을 들었다면서 다시 교
회에 와서 함께 동역해 달라셨다. 그럴 수 없다고 말씀드렸지만, 계
속해서 순종을 권고하셨다. 방문 목적이야 어찌됐든 먼 길을 오신 목
사님께 차라도 한잔 대접해 드려야겠다는 생각이 들었다. 그런데 우
리 집엔 아무 것도 내놓을 것이 없었다. 참으로 난감했다.

그때 번뜩 옆방 사는 분이 항상 믹스커피를 타서 마신 뒤 빈 봉지
를 비닐에 넣어 두는 것이 기억났다. 다행히 그 시간 그 집에는 아무
도 없었다. 벽에 걸어둔 비닐 봉투를 뒤져보니, 믹스커피 빈 봉지가
10개 정도 있었다. 나는 봉지 하나하나에 조심스럽게 물을 부어 그
커피액을 모았다. 연하기는 했지만 한 잔의 커피물이 되었다. 그것
을 주전자에 넣고 끓인 뒤 설탕을 넣어 목사님께 가져다 드렸다.

감사기도 후 커피를 마시던 목사님께서 "커피 맛이 참 순하고 좋
네요"라고 하셨다. 죄스러운 마음에 몸 둘 바를 몰랐다. 목사님은 돌
아가시면서 자신의 청을 받아줄 것을 다시 한 번 짚으셨다. 나는 기

도해 보겠다는 말씀과 함께 얼른 인사를 마친 후 방으로 뛰어갔다. 그리고 찻잔 바닥에 남은 커피를 손가락으로 찍어 먹어 보았다. 커피 색깔을 띠긴 했지만 커피라고는 할 수 없는 맛이었다. 맘 졸이며 곤란한 순간을 넘겼지만, 목사님께 못할 짓을 했다는 생각에 마음이 무거웠다. 그렇게 대접할 수밖에 없었던 내 처지가 한없이 초라해 보였다. 그때 목사님은 아셨을까? 커피로 인한 기억은 그 후로도 오래도록 내 가슴에 남아 있었다.

우리 부부가 교회를 개척하고 13년이 지났을 즈음 한 집사님이 ㅇㅇ식품에 취업하기 위해 이력서를 넣는다며 기도를 부탁했다. 커피 회사. 잊혔던 기억이 떠올랐다.

성도의 취업이 곧 나의 일인 양 아주 간절히 기도했다. 마침내 그 집사님은 그 커피 회사에 입사하게 되었다. 입사를 축하하며 나는 그 집사님에게 커피에 얽힌 이야기를 했다.

"그래서 더 열심히 기도했어요."

그 후 집사님은 우리 집에 커피가 떨어지지 않도록 ㅇㅇ식품에서 나오는 믹스커피는 물론 알커피까지 다양한 제품을 계속 제공해 주셨다. 덕분에 커피를 물처럼 마실 수 있는 호사를 한동안 누렸다.

시간이 지나 2004년이 되었다. 전에 멀건 커피를 대접했던 목사님이 수동기도원 집회를 인도하신다는 국민일보 광고를 보았다. 반가운 마음에 서둘러서 그 집회에 참석했다. 예배가 끝난 뒤 목사님을 찾아 뵈었다.

목사님께서는 미국 LA에서 이민 목회를 하고 계시며, 기도원의 강사로 집회를 인도하시기 위해 잠시 한국을 방문하셨다고 했다. 나는 우리 교회에 오셔서 저녁예배를 인도해 달라고 부탁드렸다. 사실은 제대로 커피 대접을 해 드릴 수 있는 기회를 얻고 싶었다.

우리 교회를 둘러보신 목사님께서는 굉장히 놀라워 하셨다. 남편이 간경화로 인생이 끝나는 줄 알았는데, 이렇게 교회를 세우고 주의 종으로 일하는 모습을 보니 꿈꾸는 것만 같다 하셨다.

"이렇게 쓰시려고 그 험난한 역경을 지나오게 하셨군요. 어쨌든 기도로 승리하게 하신 하나님의 은혜가 놀랍기만 합니다."

설교시간에 목사님께서는 성경에 나온 욥의 결말을 우리를 통하여 보게 하심을 감사드린다고 하셨다.

예배가 끝난 뒤 커피를 대접해 드렸다. 그리고 과거의 커피 사연을 솔직하게 말씀드렸다. 목사님께서는 조용히 커피를 마시고는 입을 떼셨다.

"그때도, 오늘도 여전히 커피 맛이 참 좋습니다."

지난 시간 죄스러웠던 마음이 일거에 사라지는 것 같았다. 커피 봉지를 헹궈낸 멀건 커피가 아닌, 진짜 커피를 대접할 수 있는 기회를 주시고 미천한 사람을 세워서 간증의 사람이 되게 하신 하나님께 감사했다.

내가 가는 길을 그가 아시나니 그가 나를 단련하신 후에는
내가 순금같이 되어 나오리라 (욥 23:10)

❖ 이불 우산

오래 전 어느 목사님에게서 이철환 씨의 《아빠의 우산》이라는 책 이야기를 들었다.

"아버지가 고물장사를 해서 생계를 이어가던 한 가정이 형편이 더욱 나빠져서 산꼭대기 동네로 이사를 갔다. 어느 날 거센 폭우가 쏟아졌다. 견고하지 못한 지붕을 뚫고 고인 빗물이 천정에서 사정없이 떨어지기 시작했다. 어머니는 양동이를 받쳐 놓고 넘치는 빗물을 계속 퍼내었다. 그 모습을 보다 못한 아버지가 슬그머니 집을 나가 버렸다. 비는 더욱 세차게 내리고 저녁이 가고 밤이 깊어져도 아버지가 돌아오지 않자, 온 가족이 아버지를 찾아 나섰다. 아들이 아버지를 찾지 못한 채 돌아오다 지붕 위에 검은 물체가 있는 것을 발견했다. 자세히 보니 아버지였다. 아버지는 사나운 비바람을 맞으며 지붕 위에서 우산을 받쳐 든 채 가족들의 지붕이 되어 주고 있었다."

이 이야기를 듣는 내내 나는 계속 흐느꼈다. 나는 소녀 시절 갑작스럽게 우리 집의 가장이 되었다. 두 언니가 출가한 뒤 오빠마저 월남전에 참전하게 되자, 생계를 꾸려갈 사람이 나밖에 없었다. 형편이 어려워진 우리는 살던 집을 다른 사람에게 세를 놓아야 했다. 우리는 어머니가 운영하는 반찬 가게에 있는 다락에서 지내기로 했다. 비좁고 불편했다.

나는 다니던 직장을 그만두고 퇴직금을 어머니께 드렸다. 그때 내 처지를 알고 있던 친구가 바로 새로운 직장을 소개해 주었다. 사무실의 경리 업무와 물품을 관리하는 자리였다. 어느 정도 업무에 익숙해질 즈음, 함께 일하던 남자 직원이 자주 출근을 하지 않았다. 화가 난 사장은 그를 내보내야겠다며, 나에게 혹시 그 사람이 하던 업무까지 맡아 줄 수 있겠느냐 물었다. 안 그래도 그 직원이 안 나올 때마다 두 배의 업무를 처리하던 참이었다. 나는 열심히 할 터이니 봉급을 올려 달라고 했다. 사장님은 흔쾌히 승낙하며 오히려 잘됐다고 했다.

앞뒤 가리지 않고 하겠다고 대답은 했지만, 두 사람이 해야 할 일을 혼자 감당한다는 것은 결코 쉬운 일이 아니었다. 정해진 업무시간은 오전 8시에서 오후 8시였지만, 일이 많아서 거의 9시에나 퇴근할 수 있었다. 그러고도 일을 끝내지 못한 날엔 집으로 가져와서 정리하곤 했다. 고된 노동에 몸은 지쳐 갔지만, 마음은 기뻤다.

어느 날 평소와 같이 일을 마치고 늦게 귀가했다. 한데 어머니의 얼굴에 잔뜩 근심이 드리워져 있었다. 가게 주인이 건물 전체를 헐고 새로 지으려고 하니 이사해 달라고 했다는 것이다. 직장에 들어간 지도 얼마 안 되어 돈을 융통할 방법이 없었다. 그렇다고 세놓은 집으로 들어갈 수도 없고, 당장 방을 구해 이사할 수도 없는 형편이라 난감했다. 결국 방을 구할 때까지 가게 건물의 허름한 곳 한 켠에서 지내기로 했다. 밤이 되면 가게 문짝으로 앞만 가려놓고 동생들 잠자리를 만들어 주고, 그 옆 건물 벽 쪽에 문짝 하나를 비스듬히 세웠다.

앞뒤가 뻥 뚫리고 옆만 간신히 가린 벽면에 어머니와 내 잠자리를 마련했다. 날이 새기 전에 이웃보다 먼저 일어나 아침을 준비해야 했다. 그리고는 짐 보따리를 묶어 골목 옆에 놔두고 어머니와 동생들을 두고 서둘러서 출근했다.

사정을 알지 못하는 사장님은 내가 일찍 출근해서 업무를 준비하는 것을 보며 매우 만족스러워 했다. 방을 구하는 것이 한시가 급했지만, 형편에 맞는 방을 구하기가 쉽지 않았다. 그러던 어느 날, 한밤중에 무엇인가 얼굴로 떨어졌다. 빗방울이었다. 나는 너무 피곤해서 비가 오는 것도 모른 채 자고 있었다. 일어나 보니 어머니가 문짝에 이불 한쪽을 걸쳐 두고 우산으로 늘어진 이불을 받쳐 들고 있는 것이 아닌가.

밤새 그렇게 쭈그려 앉아서 우산을 들고 계셨던 어머니. 내 무심한 잠은 그것도 모르고……

어머니와 나는 서로의 눈을 피한 채 소리 죽여 울었다.

비가 새는 지붕 위에 올라가 우산을 받쳐 들고 있던 책 속의 그 아버지는 이불을 우산으로 받쳐 들고 있었던 내 어머니 이야기였다.

오늘따라 어머니가 더 보고 싶다.

❈ 산기도

어느 날 저녁 집사님 세 분과 산기도를 나섰다. 지식은 많지 않아도 가슴에 기도불이 있는 기도꾼들이다. "주여 믿습니다!" 선포하면 다 통할 정도로 기도빨이 쎈 사람들이었다.

청계산 기도원에 도착하니 날은 벌써 어두워졌다. 불빛도 없고 사방이 캄캄한 중턱쯤에 우리는 각자 자리를 잡았다. 신호를 보내면 기도를 마치기로 했다. 나는 일행과 조금 떨어진 곳으로 갔다. 산 속이어선지 추위가 더 느껴졌다. 하지만 그 정도에 밀릴 우리가 아니었다. 너나 할 것 없이 찬송과 기도에 불이 붙었다. 힘찬 물소리처럼 우리의 기도가 산의 적막을 깨고 널리 성령 충만하게 울려 퍼졌다. 시간을 잊을 만큼 오랫동안 기도한 것 같다.

얼마 지나서 신호가 왔다. 이제 내려가자는. 몸은 힘들었지만 벌써 내려가기엔 아쉬움이 있었다.

'설마 나 혼자 두고 가지는 않겠지.'

나는 계속 기도를 이어갔다. 한참이 지난 후 이젠 정말 내려가야 할 것 같았다. 동행인들에게 신호를 보냈다. 아무 대답이 없다. 큰 소리로 외쳐봤지만, 여전히 답이 없었다. 갑자기 두려움이 밀려왔다.

'설마 나를 산 속에 혼자 남겨두고 갔을까?'

믿고 싶지 않았다.

깊은 산자락은 칠흑같이 어두웠다. 도저히 내려갈 용기가 나질 않았다. 조금 전까지도 활활 타올랐던 기도의 불은 다 꺼지고 몸은 식어 춥고 떨렸다. 일단 가방끈에 손수건을 이어서 나무에 한쪽 다리를 묶었다. 그리고 나무를 힘껏 끌어안고 그 밤을 버티기로 했다.

'이렇게 하면 무엇이 나를 끌어가려고 해도 나무까지 뽑아 끌고 가

야 할 걸.'

미련한 생각이지만 그렇게나마 마음을 다잡고, 다시 기도를 시작했다. 밤을 낮처럼, 산속을 성전인 듯 생각하며 소리소리 지르면서 몸부림을 쳤다. 기도인지 애원인지 모를 처절한 외침이 계속되었다. 처음엔 행여나 소리를 듣고 누구라도 와줄까 싶어서 외쳤다. 시간이 지나자 두렵고 무서운 마음이 물러갔다. 나도 모를 힘이 솟아나며 부르짖는 기도 소리가 산의 어둠을 흔들었다.

어디선가 들려오는 교회당 종소리. 새벽 6시 예배를 알리는 종소리에 눈물이 왈칵 쏟아졌다. 산 속에서 혼자 밤을 새워야 하는 두려움을 오직 기도로 승리할 수 있도록 함께해 주신 하나님께 감사했다. 당장 내려가려 했지만 아직 어둠이 채 걷히지 않았다. 잠시 뒤 희미하게 주변이 보이기 시작했다. 새벽이슬 때문에 미끄러운 산길을 한 발 한 발 조심스럽게 내려오는데, 가슴이 벅차올랐다.

'얍복강 나루터에 홀로 남아 기도하던 야곱을 이스라엘로 바꿔주셨던 하나님은 그 밤 내게도 동일한 은혜를 베푸셨구나.'

감사의 눈물이 흘러내렸다.

성전에 도착하니 예배는 이미 끝나 있었다. 집사님들이 나를 보더니 깜짝 놀랐다. 다리에 힘이 빠져서 나도 모르게 성전에 벌러덩 누워 버렸다.

의리도 없이…….

목이 아파서 말이 나오질 않았다. 덕분에 평생 잊을 수 없는 산기도의 추억을 하나 간직하게 됐다.

그가 이르되 네 이름을 다시는 야곱이라 부를 것이 아니요.

이스라엘이라 부를 것이니

이는 네가 하나님과 및 사람들과 겨루어 이겼음이니라 (창 32:28)

❖ 기도 대장

평소에 존경하는 장로님·권사님 부부가 있다. 조용한 성품에 기도가 강건하게 쌓인 분들이다. 우연한 자리에서 만나게 되었는데, 그분들이 먼저 내게 관심을 가지고 다가와 주셨다. 이후 우리는 기도의 동역자가 되어 지지하는 사이가 되었다.

어느 날 권사님이 만나볼 환자가 있다기에 동행했다. 그리고 함께 예배를 드렸다. 그런 뒤 환자를 위해 기도하시던 권사님이 환자의 몸에 내 손을 얹으라고 했다. 내가 손을 댄 순간 갑자기 환자가 발작을 일으켰다. 방에 있던 사람들이 모두 뒤로 물러났다. 나는 예수 그리스도의 이름으로 명령하며 축사를 시작했다. 환자는 얼마간 몸을 뒤틀며 발작을 하더니 기절한 듯 축 늘어져 이내 조용해졌다.

한참 후에 눈을 뜬 환자가 사방을 두리번거렸다. 그리고 아무 일 없었던 것처럼 몸을 일으켜 앉았다. 모두가 기뻐하며 하나님께 영광을 돌렸다. 권사님은 환자를 위해 많은 기도를 해 봤지만, 이런 현상은 처음이라셨다. 곁에서 이 광경을 지켜본 장로님이 활짝 웃으셨다.

"역시 기도 대장!"

이 소식을 들었는지 한 여자 집사님이 자기도 아프다면서 내게 기도를 부탁했다. 지나던 길에 그 집에 들렀다. 반가워하며 방에 들어가 마주 앉는 순간, 그 집사님이 뒤로 벌러덩 넘어지셨다. '어, 내가 왜 이래' 하면서 일어나려다 다시 뒤로 넘어졌다. 나는 바로 축사를 했다. 집사님은 소리 없이 두 다리를 쭉 펴고 그대로 누웠다. 한참 후에 일어나더니 한쪽 구석에 있는 큰 비닐 봉지를 들고 나왔다. 그 안에는 그동안 복용했던 약들이 가득 들어 있었다. 집사님은 미련 없이 그 봉지를 쓰레기통에 버렸다. 그러면서 "가슴에 항상 뭐가 매달린 듯 답답했는데, 이젠 속이 뻥 뚫린 것 같다. 시원해 살 것 같다"고 했다. 인간의 상식으론 이해할 수 없는 일들이 기도 안에서 계속 일어났다.

> 기도 외에 다른 것으로는 이런 유가 나갈 수 없느니라 (막 9:29)

❖ 못할 것이 없다

> 내가 궁핍하므로 말하는 것이 아니니라 어떠한 형편에든지 나는 자족하기를 배웠노니 나는 비천에 처할 줄도 알고 풍부에 처할 줄도 알아 모든 일 곧 배부름과 배고픔과 풍부와 궁핍에도 처할 줄 아는 일체의 비결을 배웠노라 내게 능력 주시는 자 안에서 내가 모든 것을 할 수 있느니라 (빌 11:11~13)

1978년 이 말씀을 크게 써서 벽에 붙였다. 언젠가는 반드시 나의 고백이 되기를 소원했다. 내게 가난은 호랑이와 사자보다 더 무서운 것이었다. 가난 때문에 기죽는 게 싫어서 기도에 매달렸다. 돌아보니 나의 환경은 궁핍했어도 기도는 늘 풍성했다. 가난하여 비천에 처하기도 했으나 기도로 이루지 못할 건 없었다. 기도는 어떠한 형편에 놓여 있든 제자리에서 자생력을 키워가게 했다.

누군가 나에게 물질복은 없는데 일복은 많다는 말을 했다. 세상 일이 아닌 하나님의 일, 즉 기도가 나의 일이 되었으니 틀린 말은 아닌 듯싶다. 실제로 내 삶의 모든 필요는 기도로 채워졌다.

기도한다고 힘들고 속상한 일들이 없는 것은 아니다. 문제가 바로바로 해결되지도 않는다. 때로는 기도하지 않는 사람들보다 더 큰 환란과 어려움에 직면하기도 한다. 하지만 기도는 이런 상황을 이겨낼 수 있는 지혜와 용기를 준다.

기도 앞에선 그 어떤 막힘과 장애물도 전혀 문제가 되지 않는다. 능력 주시는 자 안에서 못할 것이 없기 때문이다. 막막한 현실이 나를 옥죌 때마다 나는 기도 가운데 하늘의 부요와 영혼의 풍성함을 소원했다.

지난 날 벽에 써 두었던 말씀을 다시 가슴으로 새겨본다. 하나님께서 주시는 능력만 있다면 '모든 것을 할 수 있다'는 사도바울의 고백은 이제 내 삶의 고백이 되었다. 나는 그 능력 안에서 살아가고 있다.

❖ 기계마저 고침을

오래전 일이다.

한 지인을 통해 안타까운 소식을 들었다. 서초동 비닐하우스 촌에서 공장을 운영하는 부부가 있는데, 여러 달 동안 일이 없어 생활고에 시달린 나머지 도망가고 싶다고 했다는 것이다. 지인은 나에게 그들을 위해 기도해 줄 것을 부탁했다. 찾아가 보니 그들은 비닐하우스 안에 누비 천을 박는 기계 몇 대를 놓고, 한쪽에는 방을 들여 살고 있었다.

사연을 들어보니 남편 집사는 은혜 체험도 있고, 성경 지식도 남달랐다. 다시 일어서기 위해 오랫동안 기도원에 찾아가 기도도 하고 다방면으로 노력을 기울여왔지만, 아무것도 달라지는 게 없다고 토로했다. 삶을 포기하고 싶은 마음을 추스리고 그들은 나와 함께 다시 기도하기로 했다. 전심을 다해 예배드릴 때 영혼에 새 힘을 얻는 게 보였다. 내일을 소망하며 기뻐하는 그들의 모습을 보면서 감사했다.

21일 작정예배를 마치는 날이었다. 도착해 보니 두 분이 환한 얼굴로 반겼다. 어제 드디어 주문이 들어왔다고. 반가웠다. 그런데 큰 누비 기계를 돌리려니 작동이 되지 않아 급하게 기사를 불렀다고 했다. 기쁜 소식을 나누며 마지막 예배를 드렸다. 공장이자 보금자리인 비닐하우스에 은혜가 햇살처럼 가득했다. 예배를 마치자 부부는 식사를 권했다. 반찬은 된장찌개, 김치, 계란 프라이가 전부였다. 아

직 어려운 형편인 그들에게 계란이 통닭 수준이었을 것이라 생각하
니, 그 정성이 고마웠다.

식사 중에 수리기사가 왔다. 한참 후 기계를 작동해 보던 기사는
너무 오래된 기계라 부품도 없고 고칠 수가 없다며 그냥 돌아갔다.
두 분은 낙심했다. 나 역시 가슴만 먹먹할 뿐 위로의 말을 찾지 못했
다. 그때 말씀 한 대목이 생각났다.

> "큰 산아 네가 무엇이냐. 네가 스룹바벨 앞에 평지가 되리라" (슥 4:7)

지금 중요한 것은 상황이 아니라, 하나님의 뜻이구나 싶었다. 나
는 기계를 붙잡고 간절히 기도했다. 말씀을 선포한 뒤 남자 집사님
에게 시동을 걸어보라고 했다. 집사님은 주저하다가 시키는 대로 했
다. 기계에 시동이 걸렸다. 예상치 못한 상황에 서로 어리둥절했다.
누비 기계에 천을 밀어 넣고 페달을 밟았다. 찰칵찰칵 누비가 박아져
나왔다. 신기하고 놀라웠다.

두 분은 고장 난 기계도 기도하고 나니 고침을 받았다며 무척 기뻐
했다. 그들은 방금 꿰맨 누비 천을 끊어 주면서 기도 응답의 증표이니
가지고 가라고 했다. 사물을 붙들고 기도한 것도 처음이지만, 기도 후
에 고장 난 기계가 움직인 그 일은 내게도 잊을 수 없는 체험이었다.

> 힘으로 되지 아니하며 능력으로 되지 아니하고
> 오직 나의 영으로 되느니라 (슥 4:6)

❖ 어떤 만남

오랫동안 희귀병을 앓고 있는 남편을 돌보고 있는 한 집사님을 만났다. 그들은 불교 신자였는데 전도를 받아 신앙생활을 시작하게 되었다. 그리고 집사 직분을 받았다. 매사에 적극적이고 활동적인 집사님은 교회의 봉사와 섬기는 일에 열심을 다했다. 그런 모습이 귀하게 보여서 기도로 힘을 보탰다.

집사님은 남편을 돌보면서 생활비를 벌기 위해 옷 가게를 차렸다. 가게는 가까이에 시장이 있는 후미진 곳에 위치해 있었다. 돈에 맞춰 가게를 열다 보니 입지 조건은 다소 떨어졌다. 그래선지 얼마의 시간이 지나도 가게에 매상 없는 날이 더 많다며 내게 기도를 부탁했다. 내가 기도를 뿌린 날엔 늦게라도 손님이 온다며 매일 방문해 달라고. 어떻게든 버티며 살아보려 애쓰는 모습이 절절했다.

어느 날 늦게 그 가게에 들렀다. 그런데 집사님이 갑자기 가게 문을 닫더니 내 손을 잡고 근처에 있는 어린이 놀이터로 이끌었다. 그러고는 미끄럼틀 밑에 신문지를 펴더니 거기 앉아서 기도를 하자고 했다. 그날 집사님은 무슨 일로 마음이 상했던지 기도 내내 울었다. 매일 믿음으로 가게 문을 열며 기도로 내일의 소망을 잃지 않았던 분이었다. 무슨 사연 때문인지 굳이 이유를 묻지 않고 기도로만 위로를 건넸다.

하루는 자기 교회에서 부흥회가 열리는데, 이번 강사 목사님은 기도를 아주 많이 하는 분이라고 했다. 사람을 보면 그 사람의 신앙 상태를 다 알아본다고. 이번 부흥회 때 하나님의 은혜를 받기 위해 모든 교인이 저녁마다 기도한다면서 아무리 바빠도 그때는 내게 꼭 오라고 했다.

부흥회 첫날 저녁집회 시작 전. 약속보다 일찍 교회에 도착했다. 강사 목사님이 와 계신 거실로 들어오라고 했다. 강사 목사님은 나를 한참 위아래로 쳐다보더니 똑바로 자기 얼굴을 보라고 했다. 집사님한테 들은 소리가 있어 기분이 몹시 상하기도 하고, 긴장도 됐다. 잠시 후 그분은 내 어릴 적 이야기를 했다. 사는 것이 힘들어 까맣게 잊고 지낸 이야기였다. 그분은 우리 부모, 형제, 친구들에 대해 세세히 말했다. '기도를 많이 한다더니 역시 신령하구나!' 생각했다. 나를 어떻게 그렇게 자세히 알고 있냐고 묻자, 그 강사 목사님은 대뜸 내 이름을 불렀다.

"송길례!"

순간 그곳에 있던 분들이 깜짝 놀라 쓰러질 지경이었다.

그분은 내게 가까이 오시더니 자신이 초등학교 5학년 때 나의 담임선생님이라고 했다. 한데 나는 아무리 봐도 생소하고 낯설기만 했다. 자신의 별명이 호랑이 선생님이라는 말씀에 기억이 났다. 나는 선생님을 붙들고 부끄러운 줄도 모른 채 엉엉 울었다. 왜 그랬을까. 왜 이산가족처럼 그리도 반가웠던 걸까.

후일 교회를 개척하고 1년이 지난 후 선생님을 모시고 13평 성전에서 첫 부흥회를 가졌다. 성회는 은혜 가운데 마쳤다.

선생님을 만난 뒤 돌아보니, 어릴 때부터 하나님은 내게 여러 사람을 붙여 주시며 예수를 믿게 하셨음을 알게 되었다. 뒤늦게 하나님의 섭리를 깨닫고 눈물을 흘리며 후회했다. 그때는 왜 몰랐을까? 그때 알았더라면 좋았을 것을. 흘러간 세월이 아깝고, 하나님께 죄송했다.

기회를 놓친 뒤 후회하지 않도록 사람을 깨우치는 복음의 소리가 되기를 항상 소원한다.

> 여호와께서 그의 모든 종 선지자를 너희에게 끊임없이 보내셨으나
> 너희가 순종하지 아니하였으며 귀를 기울여 듣지도 아니하였도다
> (렘 25:4)

❖ 사랑의 수고

아주 오래전 일이다. 우리 구역에 젊은 사람이 이사를 왔다. 그와 함께 신앙을 세워가기 위해서 기도 자리에 모이게 하는 것이 우선이었다. 자주 찾아갔다.

얼마 후 그는 구역예배에 참석했다. 구역원들이 뜨겁게 기도하는 모습과 간증에 관심을 보였다. 모임이 거듭될수록 그는 차츰 달라지기 시작했다. 어느새 열심히 기도를 준비하며 은혜를 사모했다. 모임에도 적극적이었다. 어느 땐가는 기도원에 가보고 싶다 해서 오산

리기도원에 데리고 갔다. 기도원에 도착한 집사는 큰 성전과 수많은 사람들이 은혜 받는 현장을 보자 몹시 놀라워했다. 그동안 자신의 신앙생활이 부끄럽다고 했다. 처음엔 기도굴 들어가는 것을 주저해서 함께 들어갔다. 다음부터는 혼자 들어갔다. 열심히 기도하며 시간마다 은혜를 사모하는 모습으로 변해갔다. 보람도 있고 지켜보는 내내 감사했다.

세월이 가고 그분은 집사 직분을 받았다. 한창 기도의 맛을 알고 열심히 신앙생활을 하고 있을 때였다. 갑자기 먼 곳으로 이사를 가게 됐다고 해서 아쉬워했다.

이사를 간 후 오랫동안 소식이 없어 궁금하던 차에 연락이 왔다. 남편이 위암 판정을 받고 치료받고 있는데 너무 고통스러워한다고. 남편과 함께 조용한 기도원에 가고 싶다며 그런 곳을 소개해 달라 했다. 하나님은 이런 일을 미리 아시고 함께 있는 동안 그를 기도로 훈련시키신 것 같았다. 고난 가운데 하나님을 의지할 수 있도록 나를 통로로 사용해 주신 은혜가 놀라웠다. 기도로 승리하기를 간절히 기도했다.

> 우리가 알거니와 하나님을 사랑하는 자
> 곧 그의 뜻대로 부르심을 입은 자들에게는
> 모든 것이 합력하여 선을 이루느니라 (롬 8:28)

❖ 여기가 좋사오니

남편의 투병 소식을 전한 집사님으로부터 다시 연락이 왔다. 지금 서울로 올라온다는 것이었다. 서울에서 하룻밤을 우리 집에서 지내게 해 달라고 했다. 부담스러웠지만 이내 마음을 고쳐먹었다.

'하룻밤 정도야. 여름이니까 우리 가족은 불편해도 마루에서 지내면 되겠지.'

늦은 저녁, 집사님과 남편이 도착했다. 갑작스레 마루로 내몰린 아이들의 표정이 밝지 않았다. 마루에 모기장을 치고 아이들을 다독인 뒤 나는 여느 때와 같이 철야기도를 위해 집을 나섰다.

다음 날. 아침에 일어난 환자는 오랜만에 너무 편하게 잤다며 마치 병이 나은 것처럼 몸이 가벼워진 것 같다고 했다. 그리고 미안하지만 여기가 좋사오니 머물게 해 달라고 했다. 나는 당황스러웠다. 그때까지 한 번도 집에서 기도 사역을 해 본 적이 없었기 때문이다. 그런데 갑자기 중환자가 내 집에 들어와 살게 도와 달라니. 거절하고 싶었다. 방을 빼앗긴 채 하루 종일 마루에서 지내며 고생할 아이들과 남편을 생각하면 거절하는 것이 당연했다. 하지만 하나님이 보낸 환자라 생각하니 거절하기가 어려웠다. 확정적인 답을 하지 않은 채 며칠이 지났다.

그 사이 교회에는 내가 암 환자를 집으로 불러들여 기도한다는 소문이 돌았다. 내 의지와 달리 갖가지 억측이 뒤따랐다. 말도 안 되는 소문에 일일이 대응할 필요가 없다고 생각하며 계속 예배를 드리고 기도했다. 5일째 되던 날 환자는 꿈을 꾸었다 한다. 그리고는 종이를 달라고 하더니 그림을 그렸다. 꿈에 어떤 사람이 자기 옆구리를 발로 찼는데, 몸에서 무언가가 팍 쏟아졌다는 것이었다. 그는 흥분하면서 자신의 치유를 확신했다. 그림을 벽에 붙여두고 치료될 줄 믿는다고 선포했다. 소망 가운데 모두가 기뻐했다.

우리 가족은 불편한 생활을 은혜로 받고 견디기로 했다. 그 후로 환자의 상태가 차츰 호전되기 시작했다. 미음도 잘 먹고 마당까지도 걸어 나갈 수 있게 되었다. 혈색도 점점 좋아졌다. 꿈은 사람을 움직이게 하고 기대와 소망을 갖게 하는 것 같았다.

환자가 좋아진다는 소식을 듣고 그의 누나가 수박을 한 통 사들고 왔다. 그의 누나가 돌아간 뒤 나는 사역 때문에 밖에 나갔다. 얼마 후, 그 집사는 우리 남편이 돌아오자 수박을 잘라서 내주었다. 그때 환자도 먹고 싶어 했다. 아내는 안 된다 했지만 안타까운 마음에 수박을 조금 떼어 주니 아주 맛있게 먹었다. 아이들이 밖으로 놀러 나간 뒤 남편과 환자와 그 아내만 남아 있는데, 갑자기 환자가 토하면서 기절해 버렸다. 우리 남편은 부르짖어 기도하고, 그의 아내는 환자를 흔들며 울었다. 시간이 좀 지나고 환자는 큰 숨을 내쉬며 "휴~ 살았네"라며 눈을 떴다. 두 사람은 죽은 사람이 살아난 듯 크게 놀랐다. 그 환자는 자기가 죽어서 붕 떠올라 우리 남편과 자기 아내가 죽은 자기 몸을 흔들면서 우는 모습을 보았다고 했다. 내가 집에 들어가자 그는 죽었다가 살아난 이야기를 다시 말해 주었다. 큰 문제가 생기기 않은 것을 하나님께 감사했다.

그렇게 정신없이 몇 주가 지났다. 어느 날 외출에서 돌아와 보니 그들 부부가 보이질 않았다. 방에 들어가 보니 짐을 다 챙겨서 간 듯 깨끗이 정리되어 있었다. 아이들에게 물어봤지만 그들이 언제 갔는지조차 알지 못했다. 무슨 영문인지 답답했지만 소식이 오기를 기다렸다.

며칠이 지난 뒤 연락이 왔다.

"남의 말만 듣고 인사 못하고 와서 미안해요."

무슨 일이 있었느냐고 물으니 이웃에 사는 집사가 자기를 불러내어 어려운 집에 쌀이라도 사놓고 있어야지 말은 안 해도 얼마나 힘들겠냐고 했다는 것이다. 자기한테 직접 말하지 않고 남을 시켜서 말했나 싶어 홧김에 짐을 쌌노라고. 집에 와서 생각해 보니 그동안 기도해 주시고 애써 주신 은혜가 너무 감사한데 인사도 못하고 온 것이 죄송했다고 했다. 듣는 내내 기가 막혔다. 내 의견을 묻지 않은 것도, 말을 전한 사람도. 그 말을 듣고 그렇게 떠난 그 집사도 이해가 되지 않았다. 큰 충격과 허탈감에 마음이 추스러지지가 않았다. 영문도 모르는 아이들은 이제 방에서 잘 수 있게 되었다며 마냥 좋아했다.

"하나님 이게 뭔가요?"

얼마 후 그들의 소식을 접했다. 집으로 돌아간 뒤 얼마 안 돼서 남편이 세상을 떠났다고. 마음이 아팠다. 만약 그때 이웃 집사가 말을 전하지 않았다면 어땠을까? 만약 그 환자의 아내가 자신의 감정을 조금만 눌렀더라면 어땠을까? 정해진 답은 없다. 다만 나는 이 경험을 통해 어떠한 고난 속에서도 참고 견디며, 돌아보아도 후회하지 않을 수 있을 만큼 기도 사역에 최선을 다하기로 다짐했다.

· · ·

갑자기 중환자가 내 집에 들어와 살게 도와 달라니. 나는 거절하고 싶었다. 방을 빼앗긴 채 하루 종일 마루에서 지내며 고생할 아이들과 남편을 생각하면 거절하는 것이 당연했다.

하지만 하나님이 보낸 환자라 생각하니 거절하기가 어려웠다.

· · ·

Chapter 3

교회 개척

❈ 남편이 신학을 준비하다

1979년 겨울. 남편은 결국 신학교에 들어가기로 마음을 다졌다. 난방조차 없는 교회 옥상 기도실에서 100일 작정기도에 들어갔다. 남편은 무익한 사람을 살려 주시고 사명자로 불러 주신 하나님의 은혜에 감사하며, 매일 밤 어둠을 헤치고 교회로 향했다. 떨리는 마음으로 하나님 앞에 순종의 무릎을 꿇었다. 다른 사람들은 쉽게도 가는 길을 돌고, 돌아오기까지 수없이 많은 날들을 거쳤다.

지난 세월 동안 우리 가정에 얼마나 많은 일들이 있었던가. 결국 그 모든 것은 하나님의 뜻을 이루기 위한 과정이었음을 깨달았다. 작정기도가 끝나갈 무렵, 남편은 성령의 불을 받았다. 다시 확신을 갖게 되었고, 하나님의 뜻을 분명하게 확인하면서 성령 충만한 발걸음을 이어갔다.

너는 두려워하지 말라. 내가 너를 구속하였고

내가 너를 지명하여 불렀나니 너는 내 것이라 (사 43:1)

작정기도로 준비하는 일은 끝났다. 이제부터는 하나님의 역사하심을 믿음으로 기다리는 시간이었다. 신학교 등록 날짜는 다가오는데, 등록금을 마련할 뾰족한 대안이 없었다. 기도 가운데 분명히 신학교 보낼 준비가 다 되었으니 염려하지 말라고 하시지 않았던가. '한데 응답을 잘못 받았나?' 의심이 들기 시작했다. 하루 이틀 기다림의 시간이 너무 길게 느껴졌다. 등록 마감 3일을 앞두고 드디어 하나님의 손길이 나타났다. 뜻밖의 사람들을 통하여 필요한 것들을 채워 주시고, 신학 수업을 받을 수 있게 길을 열어 주셨다.

1984년 12월, 마침내 남편은 신학교를 졸업했다. 하나님은 약속대로 끝까지 책임져 주셨으며, 계속 사역의 현장에서도 함께해 주셨다.

※ 하나님이 다 들으셨대!

목회 장소를 포함하여 교회 개척을 앞두고 우리 부부는 하나님의 인도하심이 절실했다. 1978년 9월 대한수도원에 가기로 했다. 일곱 살 큰딸은 동생인 이모에게 맡기고, 네 살 난 작은딸만 데리고 짐 가방을 챙겨서 떠났다. 처음 찾아가는 길이라 낯선데다 시간도 오래 걸렸다. 아침에 출발했는데도 꽤 늦은 시간에 목적지 근처에 도착했다. 하지만 주위에 집도 없고, 물어볼 사람도 보이지 않았다. 난감했다. 산중이어선지 금세 해가 지고 어두워졌다.

그때 마침 산에서 한 사람이 내려왔다. 그 사람은 내게 혹시 기도원에 온 거냐고 물었다. 그렇다고 했더니 앞 정거장에서 내렸어야한다고, 여기선 산속으로 질러가는 길밖에 없다고 했다. 그 사람은 기도원에서 나오다 보니까 여기까지 왔다면서, 아마도 두 분 길 안내를 하라고 하나님이 보낸 것 같다며 앞장섰다. 뜻밖의 사람을 만나 반갑기도 했지만, 막상 따라가자니 무서운 생각도 들었다.

나는 아기를 업은 포대기를 더 꽉 조여 맸다. 남편은 선택의 여지가 없다고 생각했는지 별로 놀라지도 않는 것 같았다. 산길은 멀었다. 꽤 오랫동안 걸었다. 길이 평평하질 않았다. 어두워지면 전등불을 비춰도 갈 수 없을 듯싶었다. 별의별 생각을 다 하면서 마음을 다잡고 쫓아갔다. 얼마쯤 가니 멀리 기도원이 보였다. 얼마나 반갑던지 그제야 안심이 되었다. 무거운 가방을 들어주며 수고한 이를 의심한 것이 미안했다. 기도할 때 고마움을 기도로 보답하겠다고 했더니, 그는 더 감사하다고 했다.

숙소에 짐을 풀고 나왔다. 그에게 "저녁 식사 시간이 되었으니 함께 식사하러 가자"고 했더니 극구 사양했다. 그는 또 많은 사람들이 회개바위에서 응답을 받는다고 귀띔해 줬다. 위험하니 조심해서 올라가라는 당부의 말도 빠뜨리지 않았다. 기도원에 머무는 동안 그분을 다시 볼 수는 없었다. 아쉬운 마음도 들었으나 우리도 굳이 찾으려 하진 않았다.

기도원의 규칙상 낮엔 무조건 일해야 한다고 했으나, 우리에겐 일하는 게 문제가 아니었다. 기도가 급해서 왔기 때문에 기도 장소만 찾아다녔다. 대한수도원이 자리 잡고 있는 그곳은 절경 중의 절경이었다. 높은 회개바위 절벽 아래로 한탄강이 흐르고, 주변엔 넓지 않은 모래사장이 길게 펼쳐져 있었다. 소나무들이 바위 틈새를 비집고 기기묘묘 우아한 자태를 뽐냈다. 기도원이 한 폭의 그림이었다.

하루 이틀 지나면서 식사 때가 되어 식당에 가면, 우리가 일 안 한 것을 뻔히 알아봤다. 사람이 많지 않았기 때문이다. 미안하긴 했지만 어쩔 수가 없었다.

하루는 주방에서 일하는 분이 식판에 밥을 퍼주고 국을 푸다가 남편을 보더니, "어" 하면서 주걱이 아닌 손으로 밥을 덜어냈다. 식판을 받아 든 남편은 말없이 그대로 서 있었다. 나는 남편이 식판을 던져 버리진 않을까 마음 졸이며 뒤에 서 있었다. 그때 "아빠 비켜. 엄마 밥 타게" 하는 아이의 소리에 남편이 걸음을 뗐다. 혹시나 화를 내며 다툴까봐 속이 탔는데, 그것까지 참아내는 남편의 모습을 보며 예수 안에서 변화되어 가는 걸 느꼈다.

삼 일째 한낮을 피해서 회개바위에 올랐다. 기도원으로 인도해 준 이의 말대로, 어른도 조심해서 올라가야 할 만큼 위험했다. 잘못하면 사고가 날 수도 있을 것 같았다. 우리는 아이를 조금 떨어진 나무에 포대기로 묶어 두고, 앞에 먹을 것과 작은 돌맹이들을 장난감으로 내주었다. 한쪽 옆엔 혹시 하는 생각으로 내 주민등록증을 돌로 눌러 놓았다. "아빠 엄마 기도가 끝날 때까지 여기 그대로 있어야 돼!" 하고 주의를 주었다. 그리고는 딸을 꼭 끌어안았다. 가슴이 저려 왔다.

우리는 회개바위 사이로 뻗은 나무를 두 발 사이에 넣고 기도하기 시작했다. 바위 밑은 절벽이고, 그 밑엔 강물이 흘렀다. 위험 부담을 감수하며 우리 부부는 전에 응답받았던 기도가 현실화되기를 간절한 마음으로 구했다.

열왕기상(18:42) 말씀 중에 엘리야가 갈멜산 꼭대기로 올라가서 땅에 꿇어 엎드려 그의 얼굴을 무릎 사이에 넣고 기도하는 장면이 있다. 죽음을 불사한 채 마지막 힘까지 쥐어짜며 드리는 엘리야의 간절한 기도. 우리도 엘리야만큼이나 절박한 마음으로 회개바위에서 기도의 눈물을 뿌렸다. 얼마나 지났을까?

"엄마, 이제 그만해."

딸이 큰 소리로 울며 나를 불렀다. 그 소리를 듣고 있던 우리는 더 소리를 높여 하나님께 부르짖었다. 다시 한 번 딸이 외쳤다.

"하나님이 다 들으셨대. 나 무서워. 빨리 와."

순간 딸의 입을 통해서 하나님께서 응답하셨다는 확신이 왔다. 우리 부부는 서둘러 기도를 마치고 아이에게 달려갔다. 오랜 기다림으로 지친 아이는 매무새가 말이 아니었다. 무사히 기도가 끝난 것을 감사하며 하산했다.

> 하나님이 그 어린 아이의 소리를 들으셨으므로
> 하나님의 사자가 하늘에서부터 하갈을 불러 이르시되
> 하갈아 무슨 일이냐 두려워하지 말라
> 하나님이 저기 있는 아이의 소리를 들으셨나니 (창 21:17)

❖ 시흥동 달동네

　신길동은 우리를 영적 군사로 단련시킨 곳이다. 달동네로 오기 전 봉천동의 산 중턱엔 크고 넓은 예비군 훈련장이 있었다. 그때는 생활고에 치여 사람들을 만나고 싶지 않았다. 그래서 좀 더 먼 길인데도 불구하고 예비군 훈련장 아랫길로 다녔다. 생각해 보면 그때 하나님은 나에게 그곳을 지나다니며 훈련이 무엇인지를 보게 하셨던 것 같다.

　신길동으로 이사한 지 한 달이 되던 즈음, 남편이 간경화로 쓰러지면서 치열한 영적 전투가 시작되었다. 지나온 세월에도 힘에 겹도록 심한 고난을 당했건만, 시련은 시시각각 우리 가정에 찾아왔다. 점점 어려워지는 환경은 나로 하여금 살아갈 소망마저 앗아갔다. 하지만 지금까지 믿음으로만 버텨온 삶이었기에 하나님을 신뢰했다.

　기도가 아니고는 다른 방법이 없었다. 금식기도. 철야하며 엎드리고, 가정예배를 드리며 일용할 양식을 구했다. 환경을 이길 수 있는 힘을 달라고 절실하게 하나님께 매달려 기도했다. 고난이 깊어질수록 시험의 강도는 더욱 높아졌다. 우리 집을 떠나지 않는 환난과 연단은 하나님의 말씀을 이론이 아닌 삶으로 살아가게 했다. 결국 기도는 살 소망이 끊어져 가던 내게 병 고치는 은사와 예수님의 살아 계심을 주위 사람들에게 믿게 하는 기적을 베풀어 주셨고, 마침내 나를 기도의 사람으로 일어서게 했다. 우리는 그 영적 전쟁터에서 무지의 견고한 진을 무너뜨리고 대적들과 싸워 승리의 깃발을 세웠다.

돌아보니 가슴 쓰린 추억이 올올이 박혀 있는 신길동은 영적 특공대 훈련장이었다. 그곳에서 하나님은 강한 기도 훈련을 통해 앞으로 우리가 해야 할 일들을 준비시키셨다.

사명의 십자가를 지고 정든 곳을 떠나, 우리는 하나님이 인도하시는 관악산 아래 시흥동 달동네로 이사했다.

> 여호와께서 아브람에게 이르시되
> 너는 너의 고향과 친척과 아버지의 집을 떠나
> 내가 네게 보여줄 땅으로 가라 (창 12:1)

❖ 하나님이 인도하신 땅

시흥동 환경은 어설펐고 낯설었다. 사람들의 말투도 너무 거칠었다. 대낮에도 술에 취한 사람, 심지어 길에서 누워 자는 사람들도 있었다. 낯선 환경에 경계심이 높아진 나와는 달리, 남편은 '여기 내 동생들이 많네' 하며 웃었다. 한때 알코올 중독자였던 자신의 과거를 회상하는 듯 생각이 많아 보였다.

이삿짐의 절반이 책 박스인 것을 본 동네 사람들은 만화 가게를 하려느냐고 물었다. 교회 세우러 왔다고 했다가는 돌을 맞을 것 같았다. 한 아주머니가 "여기는 억세고 독하지 않으면 못 사는 동네"라고 귀뜸해 주었다. 말만 들어도 주눅이 들었다. 적응하려면 만만치 않겠구나 생각했다.

그런데 사람들과 인사를 나누는 사이에 아들이 없어졌다. 아들을 찾아 나섰지만, 막상 어디가 어딘지 알 수가 없었다. 곳곳이 좁은 골목으로 이어져 있었다. 비좁은 골목길에 분뇨 수거차(사람들은 '똥차'라고 불렀다.)가 서 있었다. 차에는 길게 호스가 늘어져 있어서 다니는데 걸림돌이 되었다. 1980년대인 당시만 해도 달동네 집들은 거의 재래식 화장실이어서 분뇨 수거차가 정기적으로 왔다. 어떤 아주머니께서 한 아이가 긴 호스를 따라가는 걸 봤다고 했다. 사방을 헤매다 집에서 조금 떨어진 하천에 가 봤다. 산에서 물이 흘러내린 하천엔 음식물 쓰레기며 지저분한 오물들이 버려져 있었다. 어떻게 내려갔는지 아들이 그곳에서 물장구를 치며 혼자 놀고 있었다. 집들만 빼곡한 동네에서 살다가 하천을 보니 신기했나 보다. 놀란 가슴을 쓸어내리며 아이의 손을 잡고 집으로 왔다.

이삿짐을 풀고 매일 동네를 돌아다니며 길을 익혀 나갔다. 산동네 길은 경사가 가파르다 보니 몇 발짝 걷는 것만으로도 숨이 찼다. 매일 기도를 심으며 시흥동 달동네를 걷고 또 걸었다.

개척교회를 시작하기 전 남편은 40일 금식기도를 작정하고 오산리기도원으로 갔다. 그동안 여러 번 금식 기도를 했지만, 장기 금식은 처음이라 걱정이 되었다. 남편이 금식 기도를 시작한 후 20일이 될 때까지는 당일로 기도원에 몇 번 다녀왔는데, 더 이상 오지 말라고 했다. 하루는 궁금하고 걱정스러운 마음에 멀찍이서 지켜만 보고 왔다. 38일째가 되던 날, 끝내 나는 기도원에 올라가 남편과 함께 마무리 기도를 했다. 평소에 남편은 성질이 급한 편이라 참는 것, 기다리는 것이 쉽지 않을 거라고 생각했는데, 의외로 잘 견디고 있었다. 드디어 40일 금식기도를 무사히 마쳤다. 끝까지 지켜주신 하나님께 감사하며 우리는 눈물 어린 웃음을 지었다. 뼈만 남은 듯한 금식 후의 남편 모습은 모든 사람들을 울리고야 말았다.

> 하나님께 기도하기 전에는 아무것도 시작하지 마십시오.
> -조지 뮬러-

❖ 한우물교회를 개척하다

1985년 4월. 드디어 한우물교회를 개척했다. 남편이 만으로 42세, 내가 39세 되던 해였다. 우리 식구를 포함하여 10명의 성도가 안방에서 예배 상을 놓고 첫 예배를 드렸다. 우리를 시흥 2동 달동네로 인도하신 하나님은 '한우물'이라는 이름을 주시고 출발하게 하셨다. 기도 중에 떠오른 '한우물'이란 이름이 다소 낯설긴 했지만, 사람들에게 영혼의 샘물을 공급해 주는 교회라는 의미임을 깨닫게 하셨다.

교회 간판을 달자 이웃 사람들이 교회 이름을 지역 특성에 맞게 잘 지었다고 했다. 알고 보니 동네 위 관악산 봉우리에 큰 연못이 있는데, 이 못이 한우물[1]이라 했다. 동네 사람들은 이미 한우물을 알고 있었다. 그래서인지 우리 교회가 더욱 친근하게 느껴진다고 했다.

하나님의 섭리와 인도하심에 놀라지 않을 수 없었다. 그 후로 우리는 한우물교회라는 이름에 큰 자긍심을 갖게 되었다. 한없이 부족한 우리 부부가 하나님 나라를 세우는 일에 쓰임 받고 있음을 확인받는 기쁨이 컸다.

우리의 시작은 지극히 초라했다. 그러나 마음을 굳게 다지며 금식하고 철야하며 전도하는 일에 뛰어들었다. 첫 전도의 열매로 오게 된 성도는 몸이 아파서 요양원에 있다가 이제 막 집으로 돌아온 사람이었다. 전에 교회를 다녔고 집사 직분까지 받았는데, 지금은 쉬고 있다고 했다. 교회가 집과 가까우니 나오겠다고 했다. 그렇게 시작된 전도는 평일과 주말을 가리지 않고 계속 되었다. 주일이면 연탄불에 국수를 삶아서 식사를 마련했다.

개척교회다 보니 평일에는 바쁘지 않아서 외부에서 기도 사역을 했다. 남편은 전도를 하고 성도를 돌보는 일에 힘썼다. 그리고 밤이면 함께 기도에 전심을 다했다. 어려운 재정 속에서도 남편은 교회 개척을 시작하는 날부터 재정의 10분의 1을 선교 헌금으로 흘려 보

---

1) 유형문화재 제10호로 지정된 한우물(천정)이 있다. 예부터 관악산 봉우리의 큰 우물이라는 뜻으로 불리웠다고 하며, 옛성이 이곳에 있었다고 한다. 성 중에 수비군이 주둔하였고, 한우물은 유사시에는 군사들의 식수로 쓰였다고 한다. 그 시기는 조선 후기 18~19세기, 즉 고종 때 경복궁 중건 시기와 거의 일치한 것으로 알려진다. 1989년 서울시에서 한우물 복원과 정비사업을 진행하여 현재 우물 주위에는 화강암 난간이 설치돼 있다. 지금도 많은 사람들이 이곳을 찾고 있다.

냈다. 40일 금식기도 당시 하나님 앞에 '가난하고 소외된 사람들을 돕고, 농어촌 미자립교회를 선교하며, 신학생들을 지원하겠다'는 서원을 지킨 것이다. 그 약속은 지금까지 지켜지고 있다.

하나 둘씩 성도가 늘어나면서 식사 준비를 돕는 사람도 나오고, 가스레인지도 생겼다. 아무 것도 없던 교회가 점점 채워지고 세워져 갔다.

성도가 늘어나자 장소가 비좁아 몇몇 사람들은 입구에 앉아서 또는 서서 예배를 드려야 했다. 철야기도 중 1층을 다 털어서 성전을 만들라는 마음을 주셨다. 우리가 살던 집은 이층집이라 분리되어 있기는 했지만. 사실 1층 위에 2개의 옥탑방이 있는 구조였다. 형편상 두 개의 옥탑방은 세를 주고, 우리는 아래에서 생활하며 안방에서 개척 예배를 드리고 있었다. 순종하는 마음으로 우리 가정 살림을 2층으로 옮기고, 1층 13평을 공사해서 성전으로 꾸몄다. 강대상과 의자가 들어오니 교회가 세워졌다는 게 실감났다. 벅찼다.

드디어 1985년 6월 본교회의 담임목사님과 지금에 이르기까지 부족한 종들을 사랑해 주시고 기도해 주시며 물심양면으로 섬겨주셨던 분들을 모시고 설립 예배를 드렸다. 너무 많은 사람들이 오셔서 문밖에 돗자리를 깔고 예배를 드렸다. 아직 믿음 안으로 들어오지 않은 동네 사람들까지 구경을 와서 사람이 차고 넘쳤다. 그토록 오랜 세월 꿈꾸며 기도했던 일들이 달동네 작은 교회에서 일어나고 있었다.

이 땅에 세워진 한우물교회. 예배를 통하여 하나님께서 영광 받으심을 믿고 감사했다.

내가 이 반석 위에 내 교회를 세우리니

음부의 권세가 이기지 못 하리라 (마 16:18)

❖ 드넓은 13평 성전

시간이 지날수록 성전이 채워져 갔다. 성도는 늘었지만 개척교회
의 형편은 쉽게 좋아지지 않았다. 기도 사역을 나가면 개척교회의 사
정을 안타깝게 생각하는 분들이 이것저것 필요한 것들을 챙겨 주었
다. 성도들과 함께 나누고 싶은 마음에 사양하지 않고 받다 보니, 집
으로 돌아오는 길이 만만치 않았다. 그래서 무거운 짐을 들고 가파른
언덕을 오르기 위해 구두를 벗어 들고 맨발로 걸을 때도 있었다. 그
래도 나눌 수 있다는 기쁨에 힘든 줄을 몰랐다. 이런 모습을 지켜본
이웃 주민들 사이에서 "한우물교회 사모는 장사하러 다닌다"는 소문
이 돌았다고 한다. 매일 밤 보따리를 이고, 들고, 옆구리에 끼고 귀
가했기 때문이다.

기도 사역을 나간 날도 어김없이 철야 기도를 했다. 피곤함과 졸
음을 이길 수 없었지만, 사모로서 기도의 자리를 굳건하게 지켜내고
싶었다.

성도가 늘면서 함께하는 기도의 동지들이 생겼다. 철야 기도에 나
와서 함께 성경도 읽고, 기도하며 성장해 가는 모습들을 보며 감사
했다.

어느 날 교회 앞마당을 쓸고 들어오는데, 길 가던 남자가 갑자기 내 머리채를 끌어당겨서 신발장에 계속 짓찧는 것이었다. 그것으로도 성이 안 찼는지 내 목을 누르고 할퀴며 발로 찼다.

"왜 여기에 교회를 세워? 새벽에도 밤에도 기도 소리 때문에 시끄러워서 살 수가 없잖아."

순식간에 당한 일이라 저항도 제대로 못했다. 흐트러진 머리칼을 한 채 멍하니 서 있을 때, 아들이 어린이집에서 돌아왔다.

"엄마, 누구랑 싸웠어?"

아들의 물음에 겨우 정신을 차렸으나, 다리에 힘이 풀려 그만 바닥에 주저앉아 버렸다. 이곳에선 독하지 않으면 못 산다는 말이 생각났다.

어느 날 저녁 한 가정에 심방을 갔는데, 갑자기 아들이 뛰어들어왔다.

"엄마, 아빠가 지금 성전에서 매 맞고 있어. 빨리 와요."

뭔가 큰일이 났구나 싶어 맨발로 뛰었다. 도착해 보니 남편은 입술이 터지고, 눈이 붓고, 옷이 다 찢겨져 있었다. 누군가 남편을 성전 한쪽 귀퉁이에 몰아넣고 폭행을 가한 것이었다. 옷과 얼굴이 찢긴 채 멍하니 앉아 있는 그의 모습을 보니 내 마음은 몇 배 더 갈기갈기 찢겼다. 목사라는 이유로, 사모라는 이유로 일방적으로 맞고, 찢기고, 당했다. 이것은 시작에 불과했다.

그 후로 교회에는 하루도 바람 잘 날이 없었다. 늦은 밤에 누군가 급하게 문을 두드렸다. 나가 보니 여 집사가 부부 싸움을 하고 쫓겨나서 교회로 도망왔던 것이다. 숨 돌릴 틈도 없이 남편이 바로 들이닥쳤다. 남편은 자기 아내를 찾아내라고 고함을 지르며 교회를 다 뒤졌다. 일단 살려야겠다는 생각에 여 집사를 장롱에 숨겨 주었다. 그날 밤 우리 부부는 한참 동안이나 그 남편의 횡포를 견뎌내야 했다.

어느 날엔 지나가던 사람이 성전 창문에 돌을 던져서 깨고, 술 취한 사람이 성전 문짝을 발로 차며 목사 나오라고 고래고래 소리를 질렀다. 한 남자는 주일마다 인사불성이 될 만큼 술을 마신 채로 나타나서 강단 앞쪽에 앉아 "슈퍼스타 그리스도!"라고 외쳐대며 예배를 방해했다. 그는 목사님을 형님이라고 부르며 술값 좀 달라고 소리를 지르며 떼를 썼다. 성도들이 많아지면서 이런 일쯤은 의연히 해결해 나갈 수 있게 되었다.

막무가내로 교회로 뛰어들어와 자신들의 울분과 설움을 토해내는 달동네 사람들. 처음에는 무섭고 이해되지 않던 그들의 모습이 차츰 품어지고 안쓰럽게 느껴졌다. 어쩌다 이렇게까지 된 것일까? 그들의 모습은 우리 부부의 지난날을 돌아보게 했다. 인생이 꼬이고 실패를 반복하면서 마음이 점점 강퍅해진 사람들.

이제 더는 그들이 두렵지 않았다. 어떤 이는 소주, 어떤 이는 맥주, 어떤 이는 막걸리로 뜻을 맞춰주며 내가 먼저 다가갔다. 그들은 나를 누님, 사모님, 혹은 아주머니라고 부르며 자신들의 이야기를 털어놓았다. 술이 깨고 난 다음에 말을 건네 보면, 고개를 들지 못하며 미안해했다. 거친 세파를 헤쳐 오면서 마음속에 슬픔과 울화가 쌓인 그들은 수줍음도 많고 정도 많은 사람들이었다.

우리의 사명은 이러한 사람들에게 예수 그리스도를 전하는 것이며, 성경 말씀을 통해 내일의 소망을 불어넣어 주는 것이었다. 우리는 교회라는 구원의 방주로 그들을 불러들여 벗이 되어 주었다. 또한 예수 그리스도의 사랑 안에서 새로운 삶을 시작할 수 있도록 옆에서 적극 도왔다. 우리 교회는 고만고만한 소시민들로 채워져 갔다.

울며 씨를 뿌리러 나가는 자는
반드시 기쁨으로 그 곡식 단을 가지고 돌아오리로다 (시 126:6)

❖ 그해 여름의 산사태

우리 한우물교회 종탑엔 스피커가 달려 있었다. 주일 예배시간이면 어김없이 종소리를 들을 수 있었는데, 처음엔 사람들이 시끄럽다며 불평이 많았다.

어느 날 이웃에 사는 주민이 찾아와 아이를 잃어버렸다며 방송 좀 해 달라고 부탁했다. 스피커를 통해 안내 방송을 해 주었다. 덕분에 아이를 찾게 되었다. 그 부모는 고맙다는 인사를 거듭했다. 이 일이 있은 후 동네 사람들은 사람을 찾을 때마다 방송을 부탁했다. 아이를 잃어버렸을 때, 시골에서 올라온 노부모가 자식 집을 찾지 못할 때, 심지어 개를 잃어버렸을 때도 방송해 달라고 했다. 우리는 언제든 안

내 방송을 해 주었다. 사람들은 교회가 이런 일을 해 주는 것에 대해 무척 고마워했다. 그러다 보니 교회에 어려움이 있을 때마다 이웃 주민들도 차츰 울타리가 되어 주었다.

산동네는 지대가 높아서인지 바람이 불면 집이 심하게 흔들렸다. 바람이 거세게 불 땐 종탑이 무너질까 걱정이 되었다. 2층에 아무런 구조물도 없이 방만 있던 집에서 우리는 여름의 뜨거운 태양열과 겨울의 매서운 찬바람을 견뎌야 했다. 생각 끝에, 집 위에 차양막을 달고 바람을 막을 수 있는 조립식 천막 구조물을 설치했다. 훨씬 살 만했다.

1986년 여름 엄청난 태풍 '베라'가 몰아쳤다. 남편은 없었고 아이들과 나만 집에 있었다. 거세게 부는 바람이 심상치 않았다. 급기야 천막이 날아갈 정도로 태풍이 몰려왔다. 놀란 꼬맹이 아들을 달래고 있을 때, 두 딸은 천막 기둥을 붙들었다. 태풍에 천막이 들썩일 때마다 딸들의 다리가 들려지며 행글라이더를 탄 것처럼 몸이 붕 떴다. 천막이 날아갈까 봐 매달렸던 딸들이 겁에 질려 울었다. 다른 집들도 지붕이 날아가고 유리창이 깨지는 등 유례없는 피해를 입었다.

이듬해인 1987년 8월엔 엄청난 벼락과 천둥 소리와 함께 폭우가 쏟아졌다. 남편은 성도들 가정이 걱정된다며 집을 나섰지만, 길이 물에 잠겨 아예 출입이 불가할 정도였다. 그날 밤, 산이 무너지면서 바위가 굴러와 산동네 집들을 덮쳤다. 그 바람에 많은 수재민들이 발생했다. 급작스레 불어난 계곡물로 하천이 범람하여 사람들이 떠내려갔다. 갑자기 변을 당한 사람들은 우왕좌왕 대피했다. 우리 교회는 어려움을 당한 사람들을 위해 편의를 제공해 주었다.

당시 폭우로 인해 집계된 피해는 사망자 20명, 가옥 파손 1백여 채, 이재민 84가구에 이르렀다. 또한 388명이 대피소 생활을 해야 했다. 그해 폭우가 가져온 손실과 피해로 인해 가뜩이나 피폐했던 달동네 사람들의 삶은 더욱 어려워졌다. 정부의 신속한 대응도, 응당한 보상도 기대할 수 없던 강팍한 시절이었다.

1986년의 태풍과 1987년의 홍수로 인한 산사태는 달동네에 생활 터전을 두고 살아온 우리 모두에게 엄청난 좌절을 안겨 주었다. 폭우와 급류가 휩쓸고 간 동네는 마치 폐허와 같았다.

삶의 일상을 복구하기까지는 많은 시간과 긴 긴 인내가 요구됐다.

◈ 이 동네 폭탄 맞았니?

둘째 딸은 어려서부터 목소리가 예쁘고 노래를 잘 해서 성악가가 되는 게 꿈이었다. 어려운 형편 속에서도 둘째는 열심히 노력하여 대학에서 성악을 전공하게 되었지만, 몸이 허약해서 자주 아팠다.

딸은 대학교 신입생 때 학교에서 탈진 상태가 되어 집에 온 적이 있었다. 우리 아이들은 아파도 학교 가서 아파야 한다는 아버지의 교육방식 때문에, 결석은 감히 꿈도 꾸지 못했다.

그날도 둘째는 몸이 아픈데도 무리해서 학교에 갔다가 한 선배의 도움을 받으며 집으로 돌아왔다. 큰 길에서 벗어나 달동네가 시작되는 골목길로 들어서자, 그 선배는 "와! 낯선 풍경이다. 너 진짜 이 동네 사는 거 맞아?" 묻더란다. 산꼭대기 언덕을 올라가며 주위 집들을 보고는 "이 동네는 폭탄 맞았니? 동네가 왜 이래?" 하자 그 순간 둘째는 몸이 아픈 것보다 그 선배의 말이 더 아팠다고 했다. 말 폭탄을 맞은 딸은 대꾸할 힘조차 없었다고.

다음날 학교에 갔더니 그 선배는 친구들 앞에서 "너 그런 동네 무서워서 어떻게 사니? 네가 그런 동네 산다는 것이 전혀 상상이 되지 않는다"고 말하더란다. 둘째는 "사람 사는 곳이 다 거기서 거기지, 그런 동네라고 못살 건 뭐 있어요? 선배는 어떤 곳에서 사는데요?"라고 쏘아붙였다고 했다. 아이의 당찬 대응에 그 선배는 아무 말도 못하더란다. 나름 예쁘장하며 잘 꾸미고 다니는 딸아이가 달동네에 사는 것이 한동안 학과 내의 이슈가 되었던 모양이다.

신길동에서 이사 와서 아이들이 새로운 초등학교로 전학했을 때였다. 그 학교에는 아랫동네에 사는 아이들과 윗동네(달동네)에 사는 아이들 사이에 경계가 심했다. 놀 때도 따로 놀고, 심할 땐 막무가내 식의 차별이 있기도 했던 모양이다. 그래서 둘째는 자신이 달동네로 올라오는 것을 친구들이 볼까 봐 길 건너 아파트 쪽으로 빙빙 돌아서 왔다고 한다. 하루는 우연히 집 근처에서 같은 반 친구를 만났다.

"지인아, 너 달동네 살아?"

순간 다 들켜 버린 것이 너무 부끄럽고 창피하더란다. 한참 예민할 사춘기의 아이는 김치뿐인 도시락 반찬이 부끄러워서, 친구들에게 '난 배가 아파 못 먹겠다'고 하고 점심을 건너뛰었다고 했다.

아이들이 학교에 다니며 성장하는 동안 거주 지역 때문에 이렇듯 맘고생을 했을 거라고는 생각하지 못했다. 목회자는 받은 사명이 있으니 지역과는 상관없이 어디든지 가서 사역을 하면 된다. 하지만 사역만큼이나 소중하고 사랑스러운 존재가 자녀들이 아닌가? 짧게 올 수 있는 길을 놔두고 한참을 돌아오느라 몸도 마음도 얼마나 힘들었을까? 김치 반찬 외에 싸 줄 것이 없던 그 시절, 도시락 반찬 때문에 점심을 건너뛰며 주린 배를 움켜쥐었을 딸아이를 생각하면, 지금도 명치끝이 저려온다. 부모의 돌봄이 간절히 필요했을 텐데도 말없이 견뎌준 아이들 덕분에, 우리는 사역에 혼신을 다할 수 있었다.

모든 목회자 자녀들에게 하나님의 보상이 주어질 것을 믿고 기도한다. 둘째 딸은 현재 하나님의 은혜 가운데 자신의 전공을 살려 ㅇㅇ교회 아동부 지휘를 맡고 있으며, 피아노 학원을 운영하고 있다.

◈ 성전 확장과 자동차(1987년~1993년)

개척교회가 점점 부흥되면서 13평 성전만으로는 예배를 드릴 수 없게 되었다. 기도원에 올라가서 금식하며 기도했다. 그즈음 성도 수는 늘었으나 달동네 교회 재정은 여전히 어려웠다. 교회 옆에 있는 11평짜리 집을 사서 확장하려고 기도하는데, 하나님은 39평을 사라고 하셨다. 순종할 수가 없었다. 지금 형편으로는 도저히 엄두를 내지 못할 일이었다. 39평을 사는 것은 못한다고 지레 겁을 먹자 주님은 말씀하셨다.

"네가 하니? 내가 하지."

아! 말씀대로 기도는 했지만 상황만을 보면 불가능한 일이었다. 하나님께서 작정한 일은 끝내 이루신다는 걸 믿지만, 막상 이루어가는 과정은 복잡하고 힘들며 고생스럽다. '어디서 자금을 만들어낼까?' 하고 주저하다가, 지금껏 없는 중에 있게 하시고 여기까지 인도하신 하나님을 믿으며 확신을 안고 산에서 내려왔다.

성전이 확장되는 꿈을 주셨기에, 도전할 마음을 먹고 전교인 릴레이 기도를 시작했다. 새벽 기도와 철야 기도를 했고, 학생들은 학교 끝나고 집으로 갈 때 성전에 들러서 기도했다.

하나님의 약속을 믿고 39평을 계약했다. 이것이 성도들의 기도에 불을 붙였다. 은혜 가운데 매입하게 되었고, 확장공사가 시작되었다. 성도들은 시간이 나는 대로 공사장에 나왔다. 심지어 학생들은 수업을 마치면 바로 교회로 와서 가방을 던져놓고 공사를 도왔다. 성도들이 나란히 줄을 서서 '손 잇기'로 벽돌을 나르고, 모래를 퍼 나르는 것을 지켜보던 한 이웃 주민은 '개미의 역사'라며 감탄했다.

밤낮 없이 속전속결로 공사를 강행했다. 석 달 만에 드디어 확장공사가 끝났다. 39평 성전을 본당으로, 13평은 교육관으로 변경했다. 장년 130명, 중고등부 100명, 아동부 80명으로 성도가 늘었다. 성도들의 눈높이에 맞는 예배와 양육을 위해 아동부와 중고등부 전도사를 청빙했다.

그런데 전도사님들이 쉴 공간이 없어서 교회 옆에 큰 방을 얻었다. 그다음 해엔 39평 성전과 맞붙어 있는 11평을 더 살 수 있게 되었다. 두 건물을 한 건물로 만드는 공사를 마치니 본당이 50평으로 확장되었다. 큰 교회에서 쓰지 않는 헌 의자를 가져와 고치고 칠을 했다. 성가대석에 의자를 놓고 성도들이 앉을 수 있는 의자를 배치하니 아주 훌륭했다. 그때의 심정은 여의도 순복음교회의 성전이 부럽지 않았다. 입구에 교회성전 문을 달고 현판을 달았다. 양옆으로는 화단을 만들어 나무와 꽃을 심었다. 앞에 공터가 생겼다. 교회 차를 주차하면 좋을 듯싶었다. 성도들에게 공터에 차가 세워진 그림을 그리면서 믿음으로 바라보고 기도하자고 했다. 다시 교회 안에 기도불이 붙었다. "믿는 자에게는 능치 못할 것이 없느니라"를 외치며 25인승 차량을 구입했다. 차에 한우물교회 이름을 새겼다. 동네 사람들은 교회 앞에 서 있는 새 차를 보며 한마디씩 했다.

"한우물교회가 부자됐네."

모든 교인이 하나님의 은혜로 충만했고, 교회에 큰 역사가 일어났다며 자신들이 부자가 된 듯 크게 기뻐했다. 재정적인 어려움을 하나님은 뜻밖의 사람들을 통하여 다 해결해 주셨다. 할렐루야!!

이후에도 성도들이 믿음과 꿈을 가지고 주님을 바라보며 계속 기도했다. 교회에는 기적이 줄지어 일어났다. 그다음 해에는 12인승 봉고차도 구입했다. 차 두 대로 지역을 나눠 동서사방에서 오는 성도들을 실어 나르게 되었다. 주일이면 교회 앞에 차 두 대가 서 있고, 예배가 끝나면 그 차를 타고 귀가했다. 내 안에 감사가 넘쳤다.

❖ 은사 집회

교회 성도들이 늘어나면서 해야 할 일들이 많아졌다. 더 이상 찾아가는 기도 사역을 나갈 수 없게 되었다. 하나님께 기도했다. 교회에서 은사 집회를 하도록 허락받았다. 한우물교회는 관악산과 가깝고 산밑의 달동네에 위치해 있었다. 산에 올라가 보면 바위 밑에 무속인들이 제단을 쌓은 흔적들을 여기저기 볼 수 있었다. 동네에도 무속인임을 알리는 깃대가 꽂힌 집들이 많았다. 은사 집회를 시작하기 위해서 더 많은 기도 준비가 필요했다. 10여 년 동안 찾아다니며 사역했던 일들이 이때를 위하여 훈련받게 하신 것 같았다. 가파른 언덕에 사람들이 올 수 있을까? 사실 내가 은혜 받으러 다닐 땐 높은 산과 거친 들, 낮과 밤도 문제가 되지 않았다.

은사 집회 날이 다가오자, 동서사방 원근각처에서 놀랄 만큼 많은 사람들이 모여들었다. 그동안 관계를 맺어왔던 이웃 사람들과 환자들이 찾아왔다. 집회 중에 하나님의 강력한 통치가 임했다. 복음을 전하며 구원을 선포할 때마다 역사가 일어나기 시작했다. 사람에게 붙어 있던 귀신들이 소리를 지르며 떠나가고 병든 자들이 고침을 받았다. 잠자던 영혼들이 깨어나고 주저앉았던 자들이 일어났다. 영생을 주기로 작정된 자들이 은혜를 경험하고 예수를 믿게 되었다. 하나님은 우상을 섬기는 것들이 헛되고 허망하며 무익한 것을 알게 했다. 치유와 기적의 역사가 일어나도록 예수님은 나를 강권하셨고, 든든하게 신원보증을 해 주셨다.

멀리서 가까이서 오는 사람들이 날로 늘어나고 집회가 소문이 났다. 밤낮으로 모이기 시작했다. 이 모든 일에 우리 성도들이 협력해 주었다. 성도들이 자원하여 집회에 참석한 사람들에게 식사를 대접하고 섬기는 일을 감당해 주었다.

통성기도시 안수할 때면 개구쟁이 아이들이 성도들의 등을 치고 다녔다. 타 교회 성도들은 한우물교회는 어린애들까지 은사가 충만하다며 웃었다.

> 믿음의 기도는 병든 자를 구원하리니
> 주께서 그를 일으키시리라 (약 5:15)

❖ 이단에 빠진 성도(1989년 8월)

성도들이 늘어나면서 신앙이 잘못된 사람들이 끼어들어 왔다. 예배를 이탈하는가 하면 권면해도 잘못된 진리를 고집했다. 예배 참석이 뜸해졌을 때 좀 더 관심을 갖고 돌아봤어야 했는데, 시기를 놓치고 말았다. 다른 성도들까지도 영향을 받을 것 같았다. 이단을 예방하고 교회와 성도들을 보호하기 위해서 1989년 8월 1일 이단연구 전문가인 탁명환 소장을 초청하여 이단비판 집회를 열었다. 이단에 관심 있는 사역자들과 타교회 성도들까지 많이 모여서 성황리에 마칠 수 있게 되었다. 그즈음 우리 한우물교회 담임목사인 남편에 관한 인터뷰 기사가 월간 현대종교(1989년 9월호)에 실렸다.

"한우물교회는 관악산 아래 경사가 60도를 넘을 듯 가파른 언덕 꼭대기에 위치한 교회였다. 움막에 가까운 집들이 들어서 있고, 어지럽게 널려 있는 빨래들과 아이들을 보며 달동네 사람들의 삶을 느낄 수가 있었다. 교회에 도착하여 담임목사님을 만났다. 달동네의 어린 영혼들이 비뚤어지게 자라지 않도록 어린이 선교에 총력을 기울인다는 유기영 목사와 한우물교회를 뒤에 두고 고개를 내려오는 기자의 발걸음은 한결 가벼웠다. 오랜만에 교회다운 교회를 만났다는 기쁨에서일거다.[2]

탁명환 교수가 집회를 인도하러 왔을 때, 우리 성경책에 사인을 해 주셨다.
"순간순간을 마지막처럼 남은 목회에 최선을 다하라."
후일 탁명환 교수님은 이단비판 집회와 이의 연구에 최선을 다하시다 이단들에 의해 마지막 사역을 마치셨다.

❖ 남편이 부흥 강사가 되다

하나님은 남편을 부흥 강사로 세우셨다. 처음엔 농어촌 및 섬 교

---

2) 1989년 9월호 〈현대종교〉 중 '목회탐방' p. 66~70

회에 주로 다녔다. 부흥회를 하고 싶어도 할 수 없는 어려운 교회들을 자비량으로 부흥회를 열게 하셨다.

어느 날 한 섬에 집회를 갔다. 처음으로 부흥회를 하게 된 그 교회에서는 외부에서 강사를 위해 떡과 다과를 마련했다. 매 시간 기도가 끝나고 나면 성도들 모두 잔치를 벌였다고 한다.

그곳엔 초대 강사의 숙소가 따로 없어서 담임목사님의 서재 방에 잠자리를 마련했다. 그 밤. 그 교회 담임목사님의 헤진 내복을 보았다고. 남편이 집에서 챙겨간 내의를 담임목사님께 드렸더니, "이런 내복도 있냐"며 굉장히 좋아하시더란다. 이튿날 사모님은 남편의 넥타이를 보더니, "우리 목사님도 이런 넥타이를 매면 좋겠다"고 하시며 비싼 것이냐 물었다고 한다. 집회를 마치고 오는 날, 남편은 여분으로 챙겨간 양말과 넥타이 속옷을 몽땅 목사님께 드리고 왔다.

집에 돌아온 남편은 섬에서 힘들게 목회하는 목사님을 보며 마음이 아팠다고 했다. 농어촌과 섬 교회 목사님들은 교회 사역 외에도 하는 일이 많다고. 성도들뿐만 아니라, 교회에 나오지 않는 사람들을 위해 전기 공사며, 집수리, 논밭 일을 쫓아다니며 도와야 하는 고충에 대해 말씀하셨다고. 처음에는 기쁨으로 시작했지만 사람들이 너무 당연스레 여기게 되었다고. 때론 일꾼 부리듯 할 때가 많다고 했다. 게다가 지역적인 어려움으로 인해 의약품을 구하는 것이 어려워서 곤란을 겪는 경우가 많다고 했다.

이런 사연을 들은 남편은 전에 다니던 제약회사 사장님께 농어촌 선교 차원으로 의약품을 제공해 줄 것을 부탁했다. 사장님께서는 흔쾌히 허락하셨고, 필요한 의약품을 고루 갖추어 그 섬에 지속적으로 보내게 되었다. 이 외에도 남편은 다녀온 농어촌 및 섬 교회에 다양한 선교적 지원을 했다.

남편과 함께 한 섬 교회 집회에 갔을 때의 일이다. 부흥 집회를 마치고 서울로 올라오는 날. 은혜 받은 성도들이 미역, 고춧가루, 깨, 콩 등을 가득 들고 왔다. 어떤 성도는 은혜 받았는데 드릴 것이 없다며 누렇게 잘 익은 큼지막한 호박 네 덩이를 자루에 나누어 담아 주었다. 고맙긴 했지만 서울까지 가지고 올 일이 까마득했다. 배를 타고 섬을 나온 뒤 버스 정류장까지 왔다.

'이 많은 짐들을 어떻게 해야 하나? 하나님이 보고 계시니 정류장에 놓고 올 수도 없고, 버릴 수도 없고, 그렇다고 다 가져가긴 너무 어렵고.'

이런 생각을 하고 있을 때 마침 어떤 사람이 "혹시 서울 가시면 저랑 택시비를 반씩 내고 같이 타고 가면 어떨까요?" 물었다. 기다렸다는 듯이 성도들로부터 받은 모든 선물을 몽땅 택시에 싣고 서울로 향했다. 성도들이 준 선물을 받고 난감해 할 때, 동행할 사람까지 붙여 주신 하나님을 찬양하지 않을 수 없었다.

가는 길도 멀고 빠듯한 일정, 불편한 숙소 등으로 다녀오면 항상 힘들어 하면서도 남편은 농어촌과 섬 교회에서 집회 요청이 들어오면 감사하며 준비에 임했다. 그 후로도 남편은 바쁜 사역의 일정을 이어갔다.

그렇게 남편과 나는 기도 속에서 평범하게 늙어 갈 것 같았다.

순교자의
길

2011년 11월 11일 11시

뼈가 삭고 영혼이 찢겨도 잊을 수 없는, 잊히지 않을 그날.

남편은 금요 철야예배를 위해 먼저 집을 나섰다. 나가면서 성전에 멋진 나무가 들어왔다며 내게 일찍 교회에 나오라고 했다. 다음 날이 내 생일이었다. 큰딸에 이어 아들까지 미국 유학 중이어서 생일축하를 해 준다고 남편은 손수 멋진 식당을 예약해 놨다고 했다. 둘째 딸 부부에게도 미리 오라고 연락했단다. 집을 막 나서는데 딸이 곧 도착한다는 전화가 왔다. 잠깐 아이들을 보고 갔더니 이미 예배가 시작되었다. 성전 앞에 새로 심은 나무가 눈길을 끌었다. 남편이 잔뜩 기대할 만큼 충분히 멋진 자태였다.

예배를 마친 후 남편 목사는 성도들과 인사를 나누기 위해 강단에서 내려왔다. 나는 성경 통독자 명단을 보기 위해 교육관 쪽으로 갔다. 그때 갑자기 뒤에서 외마디 비명소리가 들렸다. 여러 사람들이 뛰는 소리도 들렸다. 깜짝 놀라 뒤돌아보는 순간, 내 머리에 묵직한 뭔가가 날아들었다. 연이어 또 한 번 머리를 맞은 것 같았다. 순식간에 성전은 아수라장이 되었고, 비명소리가 그치질 않았다.

내게 무슨 일이 일어난지도 모르고 정신없이 몸을 돌리려다 또 다시 무언가에 머리를 맞은 나는 그만 바닥에 쓰러졌다. 쓰러지면서 나는 학생들이 장난치다 던진 물체려니 했다. 그리고는 정신을 잃고 말았다.

여기저기서 우는 소리와 고함치는 소리에 정신이 돌아왔다. 의자 밑에서 간신히 기어 나와 목사님이 나오던 통로 쪽을 바라보았다. 남편이 피범벅인 채 쓰러져 있었다. 성도들은 겁에 질려 소리쳐 울고 있었다. 달려가 남편을 끌어안았다. 눈을 뜬 채 몸이 축 늘어져 있었다. 옷과 넥타이를 풀어헤치고, 수건을 가져오라고 소리쳤다. 출혈이 심한 부위에 수건을 겹겹이 묶었으나 쏟아지는 피를 막는 데는 역부족이었다. 성도들에게 양쪽 끝으로 의자를 밀게 했다. 온 의자와 바닥엔 피가 물처럼 흘렀다. 남편이 뜬 눈으로 나를 보고 있는 것 같았다.

소식을 들은 사위가 맨발로 뛰어왔다. 온몸이 피범벅이 된 채 남편을 끌어안고 있는 나를 보며 사위가 지른 비명이 아득하게 느껴졌다. 경찰들이 도착해서 남편을 인근 병원으로 이송했다. 남편이 실려 간 응급실 쪽을 보고 있는데, 누가 나를 의자에 앉히려다가 소리쳤다.

"이 아주머니 머리에서 피가 나요."

남편을 추스르느라 내가 흉기에 찔린 것도, 피가 흐르는 것도 몰랐다. 나를 큰 병원으로 옮겨야 한다고 외치는 소리가 먼 나라에서 들려오는 것 같았다. 남편이 여기 응급실에 있는데, 내가 어디를 가느냐고 단호히 거부했다. 하지만 나는 구급차에 태워져 큰 병원으로 이송되었다.

멈춰선 시간 속에서

수술을 받기 전 병실에 형사들과 기자들이 오가며 뭐라 물었지만, 자세한 상황을 알 수가 없었다. 그저 남편의 무사만을 애타는 심정으로 기도했다. 성도들이 올 때마다 남편 소식을 물었다. 모두들 위험한 고비는 넘겼으니, 걱정하지 말고 수술 잘 받고 오라 위로했다. 정신이 점점 희미해져 갔다. 시간이 꽤 지난 듯싶었다. 정신을 차렸을 땐 이미 수술이 끝나고 일반 병실로 옮겨진 뒤였다.

남편이 걱정되어 가만히 누워 있을 수가 없었다. 남편이 실려 간 동네 병원 응급실로 데려다 달라 재촉했다. 사람들이 병원에서 나가려면 수속을 밟아야 된다며 시간을 끌었다. 그러나 재촉하는 나를 더는 말릴 수 없었는지, 휠체어에 태우고 어디론가 밀고 갔다. 휠체어가 멈춰 섰다. 한참을 기다렸으나 나를 휠체어에서 내려주지 않았다. 잔뜩 화가 난 나는 머리 수술로 인해 목을 받치고 있던 보조기를 떼어내며 "지금 뭐 하는 거냐?"고 소리쳤다. 그 순간, 저만치서 꽃 속에 묻혀 있던 남편의 영정 사진을 보고 말았다.

"저게 뭐야? 왜 거기 있는 건데? 뭐하는 건데?"

나는 소리를 지르다 또다시 정신을 잃었다.

눈물 속에서 당신을 보내요

남편은 동네 병원에 이송됐을 때, 이미 경동맥 손상으로 인한 과다 출혈로 사망한 상태였다고 한다. 장례식을 위해 곧바로 내가 온 병원으로 옮겼지만, 충격을 더 받을까봐 내게 알리지 않았던 것이다.

다시 정신이 혼미해졌다. 미국에 있는 큰딸과 아들이 오고 있는 중이라고 했다. 아이들이 도착하는 날을 계산하여 5일장을 치르기로 했단다. 장례 이틀째 되던 날, 미국에서 딸과 아들이 도착했다. 갑작스런 충격에 아이들마저 차례로 응급실로 실려 갔다.

나의 시간이 어찌 흐르는지 모르는 채 장례 절차가 이루어졌다. 남편 고 유기영 목사가 생전에 원했던 대로 전남 강진의 샘솟는기도원에 안치하기로 했다. 5일째 되던 발인 날. 이른 새벽 남편의 마지막 가는 길을 배웅하기 위해 많은 사람들이 나와서 기다리고 있었다. 기도원을 향하는 장례 차량들도 줄을 이었다. 서울을 출발하여 4시간 만에 기도원에 도착했다. 그곳엔 평소 함께 지냈던 목사님들과 성도들이 이미 도착해 있었다. 함께한 분들과 고 유기영 목사의 순교 장례 예식이 이루어졌다. 그렇게 남편은 맡겨진 사명을 마치고 하나님 품으로 돌아갔다.

눈물을 삼키며 남편의 관 위에 흙을 뿌렸다. 꼭 다시 만날 것을 기약하면서.

왜 그랬을까?

"한 청년이 금요 철야예배 후 담임목사를 살해했고, 사모는 살인 미수에 그쳤다."

우리 교회에서 일어난 살인사건이 방송과 신문을 통해 나갔다. 뉴스를 본 목사님들과 성도들이 충격 속에서 애도를 전했다.

우리 교회가 시흥동 달동네에 있을 때였다. 그 청년은 군대에서 정신적인 문제로 의가사제대를 했다. 교회 가까운 곳에 청년의 집이 있어 교회에 나오게 되었다. 그 가정은 그를 통하여 온 가족이 주님을 영접하고 성실한 출석 교인이 되었다. 청년은 가족들이 바라는 속도만큼 큰 변화는 없었지만, 꾸준히 믿음을 키워갔다. 적어도 겉으론 그렇게 보였다. 성도들의 사랑과 보살핌은 가족 이상이었다. 가끔 청년의 믿음이 제자리걸음인 걸 새삼 깨달을 때도 있었다. 하지만 '하나님의 기적은 여전히 일어나고 있다' 믿으며, 청년의 변화를 기대했다. 그렇게 20년 동안 그를 지켜보며 교회의 특별한 가족이라 여겼다.

그날. 2011년 11월 11일 철야예배가 있던 바로 그날. 그는 흉기를 몸에 숨긴 채 교회로 왔다. 그리고는 예배를 마치고 성도들을 배웅하러 나오던 남편의 목을 흉기로 가격했다. 남편을 쓰러뜨린 후 청년은 곧바로 교육관으로 향하는 내 뒷머리를 흉기로 찔렀으나, 넘어지지 않자 다시 또 찔렀다. 다른 성도들이 비명을 지르며 당황해하고 있는 사이에 그는 나를 발로 의자 밑으로 밀어넣고는 다시 찔렀다. 내가 움직이지 않자 그는 소리치는 성도들을 향해 흉기를 휘두르며 도망쳤다.

마침내 10여 일 동안 잠적했던 그가 검거되었다. 그에게 "목사님은 돌아가셨고 사모는 살았다"고 하자 크게 놀라더란다. 유기영 목사의 죽음 때문이었을까. 아니면 나의 생존 때문일까.

'차라리 나도 같이 가게 해 주지.'

그 사건이 일어날 즈음, 청년은 심신이 더 미약해졌는지 교회에 나오는 걸 싫어했다고 한다. 급기야 목사와 사모 둘만 없애 버리면 교회에 가지 않아도 된다는 생각에 사로잡혔다.

아! 그냥 교회에 나오지 않아도 되는 걸. 싫다고, 힘들다고, 무기처럼 강력하게 말을 해주었으면. 어쩌자고 그런 무참한 일을 계획했을까? 아무도 돌보지 않던 그를 돌본 우리 부부에게, 그리고 한우물교회 성도들에게 그는 자신이 어떤 상처를 준 것인지 알고는 있을까?

'왜? 왜 그랬을까?'

그 청년의 마음을 헤아리는 것에 나는 아직 마침표를 찍지 못하고 있다.

．．．

나는 머리 수술로 인해 목을 받치고 있던 보조기를 떼어내며 "지금 뭐 하는 거냐?"고 소리쳤다. 그 순간, 저만치서 꽃 속에 묻혀 있던 남편의 영정사진을 보고 말았다.

"저게 뭐야? 왜 거기 있는 건데? 뭐하는 건데?"

나는 소리를 지르다 또다시 정신을 잃었다.

．．．

Chapter 4

사모는
그래야 되는 줄
알았다
(사모 리더십)

❖ 사진발 잘 받는 꽃

1990년 우리 교회 가까운 곳에 여자 중·고등학교가 있었다. 중학교와 인문계·상업계 고등학교가 함께 있었으므로, 학생 수가 꽤 많았고 매년 졸업생도 많았다. 우리 교회 여전도 회원들은 졸업 때가 되면 꽃다발을 만들어 팔았다. 일부는 새벽같이 학교 정문 앞 목이 좋은 곳에 자리를 잡아 놓고 교대하며 자리를 지켰다. 나머지는 학교 올라오는 길 양쪽으로 줄을 서고, 정문 앞에도 5~6명이 꽃을 팔았다. 고생하는 성도들을 위해 커피와 간식을 준비했다. 추운 날씨에 고생하는 성도들이 고맙고 미안해 멀찍이서 바라보았다. 감사하게도 성도들은 장사꾼들보다도 장사를 잘 했다.

"이리 와 봐요. 이 꽃다발을 들고 사진을 찍으면 사진이 끝내주게 잘 나온답니다."

"자, 사진발 잘 받는 꽃다발 사세요."

직접 사진 찍는 포즈를 취하는 모습에 졸업식장을 향하는 사람들은 발걸음을 멈추고 웃음을 터뜨렸다. 그들의 유쾌한 모습 때문인지, 정말 사진잘을 잘 받을 거라 믿었는지, 사람들은 너도나도 꽃다발을 사 갔다. 어느새 준비해 간 꽃다발이 다 팔렸다. 생각보다 좋은 결과에 성도들은 추위도 잊은 채 기뻐하며 좋아했다.

그 뒤로 우리는 해마다 졸업 시즌이 돌아오면 꽃다발을 판매했다. 이상하게도 졸업 때만 되면 날씨가 유난히 더 춥고 바람이 불었다. 하지만 교회를 향한 그들의 사랑과 열심은 맹렬한 추위마저도 날려 보냈다.

◈ 따끈한 커피요

매년 12월 24일 오후 5시부터 버스 종점에서 교인들과 커피를 판매했다. 성탄절에 불우이웃을 돕기 위해 시작한 일이었다. 12월의 찬바람과 눈보라 속에서도 어린 학생부터 중·고등부, 청년 할 것 없이 모두 나와서 커피 판매 행사에 참석했다. 한쪽에서는 찬양을 부르고, 그 옆에서는 커피를 만들었다.

"불우이웃을 돕기 위한 커피입니다."

청년들은 지나가는 사람들을 모시고 와서 커피를 타고, 뜨거운 커피를 직접 들고 주변 사무실과 가게로 찾아갔다. 고맙게도 그냥 지나치는 사람은 거의 없었다. 동전부터 지폐에 이르기까지 각자 성의껏 성금을 내주었다. 추운 날씨 가운데서도 서로 웃으며 은혜롭게 행사를 마쳤다. 모든 수익금과 교회 재정을 합쳐서 어려운 이웃에게 쌀과 연탄을 보냈다.

불우이웃을 돕는 사역을 통해 산꼭대기에 있는 한우물교회가 차츰 주변에 알려지기 시작했다. 전부터 우리 교회에선 매년 성탄절이 돌아오면, 불우이웃과 더불어 쌀·연탄 등의 생필품을 나누었다. 교회가 넉넉한 형편은 아니었지만, 틈나는 대로 어려운 사람들을 돕는 데 힘썼다. 우리 교회가 진행하는 사역에 이웃들도 기꺼이 동참했다. 이 모든 것을 위해 성도들 한 사람 한 사람이 움직이는 전도자가되어 하나님의 사랑을 실천하는 데 앞장섰다.

◈ 산동네 바자회

의식주 생활에 필요한 물건들을 지원도 받고, 성도들 집에서 사용하지 않는 가구, 옷, 신발, 책, 생활용품 등 갖가지 물건들을 모아서 산동네 바자회를 열었다. 온갖 물품을 종류별로 나누고, 가격표를붙였다. 옷가지들을 옷걸이에 걸고, 생활용품들도 보기 좋게 진열해두었다. 풍선도 매달고 바자회를 안내하는 광고도 했다.

드디어 바자회 날. 하나 둘 사람들이 모여들기 시작했다. 성도들은 각자 맡은 자리에서 신나게 장사를 했다. 마치 시골장터 같았다.

"빨리빨리 오세요. 좋은 물건이 많아요."

"오백 원, 천 원, 말만 잘 하면 거저도 드립니다."

어디서 그런 용기가 났는지, 오래 전부터 해왔던 일인 양 물건을 잘 팔았다. 예상보다 반응이 좋았다. 남는 물건 없이 몽땅 땡처리로 마무리했다. 이웃들은 싼값에 좋은 물건을 구했다며 좋아했고, 성도들은 수고한 보람이 있다며 기뻐했다.

산동네 바자회를 위해 단합된 성도들의 모습을 보면서 사람들은 "한우물교회 사람들 참 대단하다"고 입을 모았다. 얼마 전까지도 내일이 없던 사람들 같아 보였는데, 예수를 믿더니 완전 딴사람이 되었다는 것이다. 시간이 지날수록 성도들은 넉넉한 가슴을 가진 사람으로 변화되었고, 하나님의 사랑 안에서 하나로 결속되어 갔다.

❖ 쨍하고 해 뜰 날 돌아온단다

철야기도를 하던 중 영감으로 떠오른 가사를 줄줄 읊었다. 대중가요 '쨍하고 해 뜰 날'이라는 제목의 멜로디에 가사를 얹어 불러보니 신바람이 났다. 유치한 듯도 했지만, 은근히 스며드는 은혜가 있었다. 철야하던 성도들이 무슨 세상 노래를 하느냐고 의아해 했다. 다음날 가사를 제대로 적어서 성도들 앞에서 불렀다.

> 시험환난 당하여 괴로웁지만
> 힘겨운 나의 인생 기도하며 이긴다.
> 악한 마귀 아무리 강할지라도

예수피 능력 있어 기도하며 이긴다.
믿음으로 예수님 바라보면서
슬픔도 괴로움도 기도하며 이긴다.
(후렴)
안 되는 일 없단다. 기도하면은
쨍하고 해 뜰 날 돌아온단다.

성도들이 박수를 쳤다. 너도나도 가사를 적어서 부르기 시작했다.
그들은 신나게 춤까지 추며 부르고 또 불렀다. 가뭄에 내린 장맛비처
럼, 더운 여름날 얼음을 띄운 냉수처럼, 이 노래는 우리의 가슴을 시
원케 했다. 남들이 보기에는 아무것도 아닌 것 같지만, 우리에게 이
노래는 기도의 비밀을 알려주는 것 같았다. 어려운 형편 속에서도 기
뻐할 수 있고, 기도할 수 있는 힘과 소망을 주었다. 진정한 행복은
마음 가운데 있는 기쁨이다. 열악한 환경 가운데서도 모든 것을 초월
할 수 있는 힘이 있다면, 이는 구원의 주로 인한 기쁨뿐이다.

비록 무화과나무가 무성하지 못하며 포도나무에 열매가 없으며 감
람나무에 소출이 없으며 밭에 먹을 것이 없으며 우리에 양이 없으며
외양간에 소가 없을지라도 나는 여호와로 말미암아 즐거워하며 나
의 구원의 하나님으로 말미암아 기뻐하리로다 주 여호와는 나의 힘
이시라 나의 발을 사슴과 같게 하사 나를 나의 높은 곳으로 다니게
하시리로다 (합 3:17~19)

❖ 자기를 알지 못하여

성도들이 늘어나면서 별의별 일들이 많이 생겨났다.

어느 날 아들이 우는 소리가 나서 밖을 내다보았다. 친구와 딱지 치기를 하다 싸웠던 것이다. 아들이 땄는데, 친구가 딱지를 빼앗고 아들을 밀쳐 넘어뜨린 모양이었다. 아들은 "내가 목사 아들만 아니 면 넌 나한테 죽었어"라며 을렀다. 평소에 나는 아들에게 "우리 집 은 목사가정이니까 친구들과 싸우면 교회 못하니까 차라리 맞아야 한다"고 가르쳤다. 집에 돌아온 후에도 아들은 분이 풀리지 않은 것 같았다.

이튿날 기도 사역을 갔다가 잡지를 잔뜩 얻어 왔다. 온 가족이 모 여서 딱지를 접었다. 쌀 포대 자루와 고무통 가득 찰 만큼 많은 딱지 를 접었다. 친구들에게 맘껏 나누어 주면서 놀라고 했더니 아들은 아 주 좋아했다.

교회 사역으로 인해 여덟 살짜리 아들이 혼자 있는 시간이 많아지 게 되었다. 딱히 부탁할 사람이 없다는 걸 아는지, 아들은 고맙게도 스스로 잘 해 가고 있었다. 어느 날 먼 곳으로 심방을 다녀왔다. 아 들이 혼자서 책을 보고 있는데, 갑자기 한 집사님의 남편이 큰 소리 를 지르며 들어오더란다.

"목사 어디 갔냐? 빨리 불러와"

그리고 막무가내로 방문을 열고 들어오더니, 방바닥에 칼을 꽂아 놓고 목사를 찾아오라고 위협했다. 어린 아들은 너무 무서워서 아무런 대꾸도 못하다가 한참을 있어도 우리가 돌아오지 않으니, 그 남편은 그냥 돌아갔다고 한다. 우리가 집에 들어가자 잔뜩 겁먹은 아들은 "계속 안 갈 것 같더니 지금 막 나갔어"라며 울먹거렸다. 온 몸에 힘이 다 빠졌다. 도대체 왜들 그러는지. 부부 싸움을 해도, 기분이 나빠도, 술이 취해도, 사람들은 교회와 사택에 와서 행패를 부렸다.

어떤 사람은 주일이면 교회 안으로 들어와 소리를 지르며 예배를 방해했다. 심지어 강대상 앞으로 나가서 자기가 설교하게 마이크를 달라고 고함을 쳤다. 끌어내면 나가서 바지를 벗고 서 있었다. 처음에는 벌벌 떨었으나 이런 일을 반복해서 당하다 보니 이젠 겁도 나지 않았다. 예배에 지장을 받지 않을까, 조용히 이런 일을 처리하기 위해 사모인 나는 성전 맨 뒷자리에 문지기로 앉아 있었다.

하루는 대낮에 술 취한 사람이 사택에 올라왔다.

"이봐, 송마담! 커피 가져와."

"손님, 많이 취하셨네요. 커피 마시고 집에 가서 푹 주무시는 게 좋겠어요."

"어. 나도 공부해서 목사 좀 해보게 이 책을 다 싸 봐."

"제발 그랬으면 좋겠네요."

어디서 그런 용기가 났는지, 나는 차분하게 주섬주섬 책을 싸 주었다. 넉살 좋게 대응하는 내 모습에 오히려 당황한 그는 얼마 후 얌전히 돌아갔다. 그를 돌려보내고 나서야 겨우 안도의 숨을 쉴 수 있었다.

'하나님, 저 배우할 걸 그랬나 봐요.'

아버지 저들을 사하여 주옵소서
자기들이 하는 것을 알지 못 함이니이다 (눅 23:34)

❖ 기미 특효 크림

오랜만에 낮에 아이들과 집에 있게 되었다. 어디선가 소란스러운 소리가 나서 큰딸에게 나가보라고 했다. 사색이 된 딸은 다급한 목소리로 외쳤다.

"어떤 사람이 가스통을 끌고 왔어요. 위험하다고 다들 빨리 내려오래요."

나가 보니 그 사람은 우리 집 대문 앞에서 가스통을 옆에 세워둔 채 라이터를 켜 들고는 "다 죽여 버리겠다"고 위협하고 있었다. 얼마나 소란을 피우고 소리를 질렀는지 동네 사람들이 우르르 모여 있었다.

우리 동네는 다닥다닥 붙어 있는 집집마다 가스통이 밖에 있어서 불이 나면 연쇄적으로 폭발하게 된다. 잘못하면 온 동네가 화염에 휩싸일 수도 있는 상황이었다. 이웃들은 우리에게 빨리 내려오라 소리치고, 그 사람은 여전히 우리 집 문 앞에서 행패를 부리고 있었다. 웃통을 벗은 상태라 누구도 그를 붙잡지 못했다. 사람들이 소리치며 그 사람과 실랑이를 벌이는 동안, 나는 애들을 먼저 나가게 하고 뒤따라 뛰쳐나갔다. 다행히 이웃 주민의 신고로 경찰이 와서 상황이 종료되었다. 조금만 늦었어도 큰일 날 뻔했다며 위로하던 이웃 아주머니가 나를 보며 혀를 찼다.

"아이고 맨발이네."

철야기도가 있던 어느 날 밤늦게 전화가 왔다. 전화를 받자마자 수화기를 통해 고함 소리가 들려왔다.

"내가 지금 교회로 가니까 기다려. 가스통 폭발시켜 다 죽여 버릴 거야."

지난번 가스통 사건도 있고 해서 가슴이 철렁해진 나는 철야기도를 위해 모인 성도들을 밖으로 대피시켰다. 다행히 그날 밤 남자는 나타나지 않았다.

'이곳 사람들은 가스통 귀신이 붙었나. 왜 걸핏하면 가스통에 불 지르고 다 죽여 버린다고 하는 것일까?'

영화에서나 볼 법한 요란한 일들이 우리의 일상이 되어 가고 있었다. 이런 사건들을 연거푸 겪다 보니, 나 자신을 돌볼 틈이 없었다. 어느 날 거울을 보니 기미가 온 얼굴에 지도를 그려 놓았다. 그 후로 나는 더욱 거울을 보지 않았다. 그저 로션 하나면 충분하다고 생각하며 지냈다.

어느 날부터던가 사람들이 내 얼굴이 환해졌다고 했다. 오랜만에 유심히 거울을 보니 얼굴에 지도처럼 수놓아져 있던 기미가 보이지 않았다. 기도할 때마다 울며 흘린 땀을 옷깃으로 때론 수건으로 닦았을 뿐이다.

내 얼굴의 기미를 없애 준 특효 크림은 눈물과 땀이었다. 기도발, 영발이 영양 크림이 되었나 보다. 고난과 아픔의 흔적을 닦아내고 지워지도록 기도할 수 있어서 감사했다.

> 마음의 즐거움은 얼굴을 빛나게 하여도
> 마음의 근심은 심령을 상하게 하느니라 (잠언 15:13)

❖ 보따리를 이고 지고

개척교회 사역을 시작하고 보니 필요한 것이 한두 가지가 아니었다. 전보다 더 부지런히 바깥으로 뛰었다. 다른 이들에게 불필요한 것들도 우리에겐 필요했다. 버스에 실을 수 있는 건 억척스럽게 다 싣고 왔다. 주일이면 성도들 식사 준비로 분주했다. 애들은 교회에 나오지 않는 친구들까지 친절하게 몰고 왔다. 교회에 출석하는 아이들보다 점심을 먹으러 오는 아이들로 넘쳤다. 기쁘고 즐겁기도 했지만, 준비한 것이 모자랄 땐 마음이 조마조마했다. 성도들의 해결사가 되어야 했고, 그때마다 기도로 준비하면서 열심히 다녔다.

어느 날 교회 집사님에게 내가 출타하는 곳에 함께 가자고 했더니 기꺼이 응했다. 전날 철야로 피곤해서 졸음이 왔다. 가방 속에 가지고 다니던 네모난 봉지 커피를 꺼냈다.

"그게 뭐에요?"

"봉지 커피."

"지금 마시려고요? 물이 없잖아요."

"다 먹는 방법이 있지."

입에 커피를 털어 넣고 침으로 녹인 뒤 우물거려서 삼켰다. 함께 간 집사는 기가 차다는 표정으로 나를 쳐다보았다.

그날 기도 사역을 간 집에서 교회에 쌀이 필요할 거라며 챙겨 주었다. 다음 집에서는 옷가지와 물건을 챙겨 주었다. 집사는 아무 말 없이 주는 대로 챙겼지만, 표정을 보니 잔뜩 화가 난 것 같았다. 무거운 보따리를 들고 버스를 여러 번 갈아타며 이동하다 보니, 은근히 그 집사의 눈치가 보였다. 보따리를 나눠 들기는 했지만, 가파른 언덕을 오르는 것은 여전히 힘들었다. 저녁 늦게 교회에 도착했다. 그때까지 말이 없던 집사는 짐을 내려놓자마자 화를 냈다.

"매일 이렇게 나가서 힘들게 사역을 하며 성도들을 먹이고 돌보신 거예요? 우리가 거지예요?"

그녀의 말에 나는 충격을 받았다.

"이제 이런 고생하지 말아요. 우리가 잘 할게요."

그 집사는 끝내 울음을 터트렸다.

그날 밤 기도하는데 "우리가 거지냐?"는 집사의 말이 귓전을 울리고 가슴을 때렸다. 나는 하나님께 여쭈었다

"어떻게 하면 그 집사의 마음에 난 상처를 위로해 줄 수 있을까요? 저는 그렇게라도 성도들을 섬길 수 있는 것이 은혜라고 생각하

며 감사하고 살았는데, 집사님의 말이 내 가슴을 찢어 놓네요. 오랜 세월 그렇게 살아온 나는 거지 왕초인가요?"

눈물만 흐를 뿐 더 이상 기도가 나오질 않았다.

울먹이는 내게 마음의 소리가 들렸다.

"그런 것도 안 주면 어쩔 건데. 헌 옷 줄 때가 있으면 새 옷 줄 때가 있고, 봉지 쌀이 말 쌀로, 말 쌀이 가마니 쌀로 바뀔 때가 있지 않겠느냐?"

나는 엎드려 하염없이 눈물을 흘렸다.

"감사합니다."

그러자 나를 가슴 아프게 했던 집사의 그 말이 나를 사랑하는 집사의 진실한 마음으로 이해가 됐다. 교회 사모로서 애쓰고 다니는 내 모습이 그 집사의 눈엔 초라해 보였을지 몰라도, 지금까지 살아온 내 삶이 부끄럽게 여겨지진 않았다. 억척스럽게 살아온 나의 모습조차도, 하나님이 부어 주시는 은혜 가운데 살아 올 수 있었음에 감사한다. 뿐만 아니라 나를 사랑하고 생각해 주는 성도들을 만날 수 있었던 것에 더욱 감사한다.

❖ 사모는 그래야만 되는 줄 알았다

나날이 사역이 확장되어 갔다. 기대와 설렘도 있지만, 하루하루 현실이 버거운 것도 사실이었다. 삶의 무게를 견디다 못해 그만 주저앉고 싶을 때도 있었다. 하지만 사모는 그래서는 안 된다고 생각하며 스스로를 일으켜 세웠다. 누가 가르쳐 주거나 강요받은 건 없다. 그럼에도 사모는 항상 철야하며, 금식하고, 기도해야 되는 줄 알았다. 아파도 씩씩한 척, 외로워도 즐거운 척, 힘들어도 괜찮은 척……. 사모는 그렇게 살아야 한다고 생각했다. 가난했지만 남편을 존중하며, 자녀들을 믿음으로 세우고, 가정을 잘 갈무리하는 일까지 어느 것 하나 놓치지 않으려 애쓰며 살았다. 사모는 당연히 그래야만 되는 줄 알았다.

어느 날 집사님이 "목욕탕에 가니까 다른 교회 사모님들은 때도 밀고, 우유로 전신 마사지를 하더라" 하고 부러운 듯 말했다. 나는 용량이 큰 팩 우유를 사서 그 집사가 보는 앞에서 세수를 했다. "이렇게 하면 되는 거야?" 하며 웃어넘겼다. 그 후로도 가끔 성도들은 나를 다른 사모들과 비교해서 말할 때가 있었다. "작은 교회 사모님들도 메이커 옷을 입고 구두와 가방으로 치장을 하고 다니는데, 우리 사모님은 전부 길거리표 아니면 시장표뿐이다"라며 속상해 했다. 그때마다 나는 "메이커 제품이 왜 필요해? 내가 명품이잖아." 하며 큰 소리로 웃었다. 나는 사모니까 성도들 앞에서 그런 것쯤은 아무렇지 않은 듯 행동해야 한다고 생각했다. 나는 '기도발, 영발, 하나님 끝발이면 된다'며 센 척하며 살았다.

지금 돌아보니, 나는 사랑하는 성도들에게조차 솔직한 내 마음을 보여주지 못했던 것 같다. 그렇게 '내 속내를 감추고 센 척하는' 모습이 오히려 성도들의 마음을 아프게 할 수도 있다는 것을 그땐 알지 못했다. 그 마음을 알아주지 못한 것이 미안했다. 하지만 그때는 그래야만 하는 줄 알았다. 사모는 그렇게 참고 인내하며 살아야 하는 줄 알았다.

◈ 사모는 아파서도 안 된다

1992년 자궁절제 수술을 받았다. 그즈음 나는 교회 일들로 몸도 마음도 많이 지쳐 있었다. 하복부의 계속되는 통증과 출혈로 검진을 받은 결과, 서둘러 수술을 받아야 한다는 게 의사의 소견이었다.

남편은 서둘러 수술을 받자고 했지만, 나는 망설여졌다. 개척교회 형편상 보험 가입을 하지 못해 모든 수술비를 액면가로 감당해야 했기 때문이다. 게다가 남편의 사역을 돕기 위해 그동안 지속해 온 일을 내려놓는 게 쉽지가 않았다. 마치 그렇게 하면 무슨 일이라도 날 것처럼.

기도가 우리 사역의 밑천이었기에, 아무리 힘들어도 기도를 쉬지 않았다. 매주 은사 집회를 인도하기 위해 영성 집회와 세미나에도 자주 참석하며 배움과 진리의 훈련에 기꺼이 나섰다. 목사님을 대신해서 할 수 있는 일과 교계의 정보 수집에도 열심을 냈다. 입원을 하게 되면 이 모든 일을 잠시 중단해야 했다. 처음엔 첩첩이 걱정이 앞섰으나, 하나님께서 기도 가운데 평안한 마음을 주셔서 수술을 받기로 결정했다.

수술은 은혜 가운데 잘 끝났다. 하지만 수술을 받은 후 급격히 몸이 안 좋아지며 회복하기까지 오랜 시간이 걸렸다. 한동안 혼자서 거동하기도 어려웠다. 그나마 병원에 있을 때는 앉고 일어설 때 도움을 받았지만, 퇴원하여 집으로 돌아오니 불편한 것이 한둘이 아니었다. 이층에 화장실이 없어서 아이들 변기통을 요강으로 사용했다. 통원치료를 하는 동안 남편과 성도들 등에 업혀 오르내려야 했다. 몸이 아픈 것보다 이런 일들이 부담스럽고 힘들었다.

누워 있는 동안 성도들 간에 문제가 생겼다는 소리를 들을 땐, 내 몫을 다하지 못해 벌어진 일인 것 같아 죄스러웠다. 내가 아프다는 것을 알면서도 투정을 부리는 성도들도 있었다. 병구완 중인데다 마음이 약해져선지, 자기들 입장만 생각하는 성도들에게 서운한 맘도 들었다.

'사모는 아파서도 안 되는구나.'

병원에선 수술 후 한 달 동안은 온전히 쉬라 했는데. 남편도 아내의 빈자리를 많이 느끼는지, 교회일과 집안일로 다소 벅차 하는 것 같았다. 빨리 일어나서 사역자로, 사모의 자리로 어서 돌아가고 싶었다.

그동안 수고해 준 성도들에게 감사해하면서 다시는 아픈 사모가 되지 않기를 기도했다. 나의 빈자리가 크다는 것을 실감했다.

❖ 세탁기가 사람을 가르치다

수술로 인해 한동안 쉬었던 기도 사역을 다시 시작하기 위해 영성 훈련 사모 세미나에 참석했다. 세미나 강사는 나에게 200만 원을 헌금하라고 했다. 많은 사역자들이 참석했는데, 하필이면 왜 가난한 사모에게 200만 원을 헌금하라고 하는 건지. 괜히 참석했다는 생각마저 들었다. 저녁 집회까지 참석해야 하는데, 너무 부담이 돼서 낮 집회를 마치고 집에 돌아왔다.

남편은 다른 날 같지 않게 시무룩한 나를 보며 물었다,

"뭐 안 좋은 일 있었어요?"

대답은 해야겠는데, 우리 사정을 뻔히 다 알고 있는 내가 남편에게 200만 원이 필요하다는 말을 차마 할 수 없었다. 남편은 계속 내 눈치를 살피는 것 같았다. 시간이 가면서 내 맘이 더욱 짓눌려 왔다. 사실대로 남편에게 말했다.

"내가 알아볼 테니 너무 맘 쓰지 마요. 많은 사람 중에 하나님은 당신의 헌금이 필요했던 모양이네요."

저녁 집회시간. 남편이 돌아왔다. 봉투를 내주면서 "하나님의 뜻이 있겠지"라고 나를 위로해주며 얼른 가지고 저녁 집회에 참석하라고 했다. 그날 저녁 내게 갑절의 은혜가 부어졌다.

은혜가 있는 곳에 마귀의 역사도 함께 한다더니, 별일도 아닌 일들이 꼬여서 마음을 힘들게 했다.

'이렇게 힘들 바에야 차라리 죽는 게 낫지.'

나도 모르게 푸념 섞인 말이 입 밖으로 나왔다. 전기세를 아끼기 위해 손으로 빨래를 해서 세탁기에 넣어 탈수를 했다. 탈수 버튼을 누르고 빨래를 넣으려는 순간, 몸이 세탁기에 붙어 버렸다. 감전이었다. 빨래의 무게로 인해 두 팔이 끌려서 통 안으로 들어간 채로 세탁기가 돌아갔다. 비명 소리를 들은 큰딸이 나를 끌어내기 위해 붙들었다. 나를 잡았던 큰딸마저 내게 붙어 버렸다. 둘째 딸이 나와서 놀란 채로 울며 다가오려고 하자, 큰딸이 오지 말라고 고개를 흔들며 "전기선!"이라고 소리를 질렀다. 둘째 딸이 세탁기 선을 플러그에서 뽑았다. 그러자 전기에 감전되었던 큰딸과 나는 세탁기에서 튕겨져 나가며 바닥에 나동그라졌다.

　바닥에 떨어진 채로 한참동안 일어서지 못했다. 감전으로 인한 충격도 있었지만, 그 찰나의 순간에 하나님과 나눈 대화 때문이었다. 세탁기에 감전된 순간 "너 죽었으면 좋겠다고 했지?" 하는 소리가 들렸다. 반사적으로 "누가 이렇게 죽는다고 했나요?" 하는 동시에 세탁기가 멈춘 것이다. 어떻게 그런 말은 더 빨리 알아들으시는지.

　　너희 말이 내 귀에 들린 대로 행하리라 (민 14:28)

'그래도 그렇지, 이건 너무 하신 것 아냐?'

　그 후에도 한동안 나는 불평을 하고 있었다. 한참 후에 보니 둘째 딸이 뽑은 것은 세탁기 선이 아니라, 냉장고 선이었다.

　'아, 하나님은 감전을 통해 나를 깨닫게 하시고, 직접 세탁기를 멈추게 하셨구나.' 주님의 세심한 손길에 탄복하며 감사했다.

❖ 친구가 박사학위 받던 날

한 친구가 뒤늦게 공부하여 광운대에서 사회복지학 박사학위를 받았다. 나는 기꺼이 졸업식에 갔다. 하지만 마음 한구석이 시렸다. 함께 사진을 찍고 돌아오는데, 차 안에서 갑자기 눈물이 났다. 왠지 모르게 기분이 가라앉으면서 우울감이 밀려왔다. 남편 잘 만나서 공부 뒷바라지를 받은 친구가 부러웠다. 나도 그랬으면 좋으련만. 친구 남편은 술 담배도 안 했고, 가정에 충실했으며, 친구를 어지간히 위하는 사람이었다. 남편으로선 박사급이었다. 친구가 공부하는 내내 최선을 다해 외조했다. 솔직히 부러웠다.

친구와 나는 딸만 둘 낳은 딸딸이 엄마였다. 그러다가 얼마 후 나는 딸들과 터울이 지는 아들 하나를 더 낳았다. 친구는 내가 임신으로 인해 입덧을 할 때, 아들을 출산했을 때, 지극정성으로 보살펴 주면서도 내심 부러워하는 것 같았다. '나는 저 없는 아들을 낳았거든' 하고 속으로 중얼거렸다.

졸업식에 갔다가 집에 돌아왔을 때, 남편과 아이들이 내 눈치를 살폈다. 애써 티를 안 내려고 했으나, 속마음은 감출 수 없나 보다. 그때 막내아들이 하얀 종이를 들고 나왔다.

"엄마, 잠깐만 일어나 보세요."

아들이 조르는 바람에 못 이기는 척 일어났다. 아들은 그 종이를 두 손으로 든 채 큰 소리로 낭독하기 시작했다.

아들은 자신이 직접 만든 박사학위증을 내게 전해주었다. 갑작스러운 아들의 행동에 가족 모두가 폭소를 터뜨렸다. 속상한 나의 마음을 위로해 주기 위한 아들의 정성과 마음 씀이 고마웠다. 비록 제도권 교육기관에서 주는 박사학위는 아니었지만, 지나온 인고의 세월을 가족들로부터 인정받는 것 같아 행복하고 감사했다.

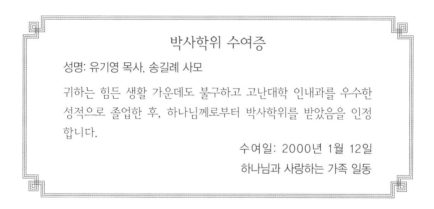

박사학위 수여증

성명: 유기영 목사, 송길례 사모

귀하는 힘든 생활 가운데도 불구하고 고난대학 인내과를 우수한 성적으로 졸업한 후, 하나님께로부터 박사학위를 받았음을 인정합니다.

수여일: 2000년 1월 12일
하나님과 사랑하는 가족 일동

❖ 나는 영적 파출부였다

전에 여러 목사님들은 우리 부부가 함께 신학을 공부하라고 권면했었다. 그때는 함께 공부할 처지도 아니었으나 설령 형편이 된다 해도 남편을 먼저 세우는 것이 마땅하다 여겼다.

남편은 목회자의 길을 걷기 전에 각종 노동과 시장 노점에서 장사를 해 본 적이 있으나, 나는 건강상 막노동을 할 수가 없었다. 하여 기도에 집중하기로 마음먹었다. 기도할 때마다 하나님은 나에게 영적인 파출부 일을 하라셨다. 기도하면서 뜻을 묻고 지혜를 구했다. 그 기도를 들으신 것일까? 하나님께서는 내가 열과 성을 다하여 일할 수 있도록 사람을 보내시고 환경을 만들어 주셨다.

　파출부가 일 잘 한다는 소문이 나면서 바빠지기 시작했다. 영적인 사역들이 많아졌다. 바쁜 와중에도 가정을 소홀히 할 수가 없었다. 하루도 빠짐없이 가정 예배를 드렸다. 가정 예배를 통하여 말씀을 읽고 가정을 위한 기도를 아이들과 돌아가면서 했다. 믿음 안에서 성장해 가는 세 아이를 보며 용기를 낼 수 있었다. 날마다 드리는 자녀들의 간절한 기도는 우리 가족이 건강하게 성장하는 원동력이 되었다.

　나의 영적 파출부 사역은 지역을 넘나들며 이루어졌다. 다시 영과 육을 소성케 하는 놀라운 역사가 일어났다. 힘들고 지치고 피곤해도 쓰임 받는 일에 감사하며 하루하루를 신명나게 일했다. 부족한 종에게 능력을 주시고 하나님의 손과 발이 된 것이 그저 꿈만 같았다. 한없이 감사했다.

＊ ＊ ＊

그때 막내아들이 하얀 종이를 들고 나왔다. 그러고는 자신이 만든 박사학위증을 내게 전해주었다. 갑작스러운 아들의 행동에 우리는 폭소를 터뜨렸다. 나를 위로해 주기 위한 아들의 정성이 고마웠다. 제도권 교육기관에서 주는 학위는 아니었지만, 지나온 인고의 세월을 가족들로부터 인정받는 것 같아 행복했다.

＊ ＊ ＊

Chapter 5

기도원 설립

❖ 폐교에 기도원을 세우다(1999년 12월~2000년 1월)

남편이 전남 강진에 위치한 마량중앙교회 부흥회를 인도했다. 그곳에서 점심식사를 마친 후 담임목사님께서 기도원 장소로 좋은 곳이 있다며 안내해 주셨다. 폐교인데 장소도 경치도 다 좋았다. 남편은 우리 교회와 거리가 너무 멀어서 해당이 안 되겠다고 생각하고 그저 돌아보는 것으로 만족했다.

그때 남편은 집회 기간 내내 배가 아프다고 했다. 결국 가까운 병원에 가서 '신경성 대장염'이란 진단을 받았다. 겨우 집회를 마치고 서울에 올라와서 이틀날 병원에서 X-레이를 찍었다.

아뿔싸! 직장암이라는 진단에 우리 가족은 날벼락을 맞은 듯 했다. 믿고 싶지 않았다. 진단이 잘못되었을 거라는 희망을 품고 다른 전문의의 소견을 듣기 위해 강남성심병원으로 향했다. 3박 4일 동안 입원하여 정밀 검사를 받았다. 성도들에게는 입원 사실을 알리지 않고, 아이들과 함께 3일을 금식하며 기도했다.

그런데 그 황망한 와중에도 남편은 폐교를 보고 온 것이 자꾸 생각난다며, 하나님이 원하시는 것 같다고 했다. 직장암을 치료해 주시면 폐교를 매입해서 기도원을 세우겠다고 기도했다. 검사 결과를 듣기로 한 12월 24일, 남편은 성탄 예배를 위해 검사 결과에 상관없이 퇴원했다. 예배를 마치고 병원에 돌아가 보니, 의사는 자신도 믿기지 않는다는 표정을 지으며 말했다.

"모든 검사 결과가 다 정상이고 깨끗합니다."

뛸 듯이 기뻤다. 이제까지 받아 본 선물 중에 가장 멋진 크리스마스 선물이었다.

성탄절과 연말연시를 맞고 보니 여러모로 분주하여 폐교를 매입하겠다는 계획이 차일피일 미뤄졌다. 마음이 편치 않았다. 남편은 중직들에게 사실을 알리고 성도 6명과 함께 폐교 답사를 갔다. 주변을 둘러본 성도들은 좋기는 하지만 거리가 너무 먼 것이 흠이라고 했다. 하지만 목사님이 하나님께 서원하며 기도한 것이라면 성도들은 무조건 순종하겠다고 했다.

2000년 1월 마침내 폐교를 매입하게 되었다. 매입 한 달 뒤부터 신속하게 공사를 시작했다. 일부 성도들은 먼 거리를 마다 않고 공사를 도왔고, 일부는 현장에 머무르며 일을 도왔다.

드디어 7월 17일 '샘솟는기도원' 설립 예배를 드리게 되었다. 기도원은 숙식을 무료로 제공하며, 누구든지 찾아와 말씀과 기도, 상담을 통해 은혜를 받을 수 있는 영적 수련장으로 운영하기로 했다. 그후 기도원에서는 연중무휴로 집회가 이루어졌고, 교역자와 청소년

수련회 등 지역 교회를 위한 시설로 큰 호응을 얻게 되었다.

그즈음 우리 교회와 기도원에 관한 이야기가 '목회 신패러다임, 달동네 개척……. 산골 기도원 원격 사역'이라는 제목으로 국민일보 (2004년 4월)에 다음과 같이 소개되기도 했다.

"간경화 치유 경험 후 소명 받아 목회자 길로 농어촌 미자립 교회 지원 다짐 20년째 실천. 1,200리 떨어진 강진에 기도원……. 힘든 사명감. 개교회 부흥이 이루어지고 있는 현 한국 교회의 현실 속에서 지역과 상황을 뛰어넘어 사명을 감당하기 위해 애쓰는 유기영 목사와 한우물교회 성도들의 이야기는 오늘을 살아가는 기독교인들에게 결코 가볍지 않은 메시지를 전해주고 있다."[3]

❖ 혈액암 완치(2005년 7월~2006년 6월)

샘솟는기도원을 세우고 매주 강사를 세우며 집회를 이어갔다. 남편은 월요일 새벽예배를 마치면 봉사할 성도들과 함께 기도원에 내려갔고, 목요일 밤 집회가 끝나면 서울로 출발해 금요일 새벽에 도착했다. 여름엔 학생 수련회 장소로 두세 개의 교회 학생들이 한꺼번에 들어왔다. 기도원 전체가 성도들로 인산인해를 이루었다. 대형 버스,

---

3) 2004년 4월 〈국민일보〉 "목회 신패러다임, 달동네 개척……. 산골 기도원 원격 사역"

봉고차, 트럭, 승용차들이 장관을 이루었다. 말씀에 순종하고 기도원을 세워서인지 하나님은 많은 성도들을 보내 주셨다.

2005년 7월, 남편은 기도원에서 있던 복부팽만감과 함께 복통에 시달렸다. 더위에 지친 탓인지 입맛도 없다고 했다. 서울에 올라와 안양의 한 내과병원에 가서 위내시경, 초음파, X-레이를 찍었다. 이튿날 결과를 보러 갔더니, 의사는 종합병원으로 가서 정밀 검사를 받아 볼 것을 권했다. 의뢰서를 받아 평촌 한림대 병원에 입원하여 장내시경을 비롯한 검사를 다시 받았다. 사돈 장로님이 오셔서 밖에 식사를 하러 다녀왔다. 그 사이 환자 혼자 있는데, 담당의가 와서 대장암이라고 당장 PET 사진을 찍어야 한다고 했다는 것이다. 남편의 얼굴엔 불안한 기색이 역력했다.

병은 자랑하랬다고 오진이기를 기대하며 다시 검사를 받기 위해 서둘러 신촌 세브란스 병원으로 이동했다. 검사 결과 대장 쪽에서 악성림프종이 발견됐고, 담당의가 혈액암 말기로 보인다고 말했다. 항암 치료를 받기 위해 가슴 윗부분에 1차 항암제를 투여했다.

남편의 배에 가스가 차기 시작했다. 배출이 안 되어 가스를 코로 빼내려 하자 남편이 고통을 호소했다. 3일 동안 통증으로 인해 힘겹게 누워만 있던 남편은 또 X-레이를 찍고 검사를 받아야만 했다. 이번엔 맹장이 터져서 복막염으로 진행되었다고. 당장 수술을 받아야 한다며 의사들이 분주히 움직였다. 항암제를 투여하면서 수술하는 것은 위험 확률이 너무 커서 마음의 각오를 단단히 해야 한다고 보호자에게 사전 고지했다. 사망할 수도 있다는 뜻이었다. 두려움과 무서움이 밀려왔다. 병원 측에선 수술 동의서에 빨리 사인하라고 독촉을 했다. 그러나 손이 떨려서 할 수가 없었다. 남편을 보며 이것이 마지막이 될지도 모른다는 생각에 종이와 펜을 주고 할 말이 있으면 쓰라고 했다. 심한 통증 속에서도 남편은 펜을 쥔 손에 힘을 주었다.

"호남권을 성령의 불로 일으키기 전에는 가지 않겠다."

만감이 교차했다. 수술실로 향하기 전 노회 목사님들과 형제들, 지인들이 모두 몰려와 간절히 눈물 어린 기도를 모아 주었다. 수술은 거의 5시간 동안 진행됐다. 탈진하기 직전, "유기영 보호자는 중환자실로 올라오세요"라는 방송이 흘러나왔다. 가슴이 철렁했다. 의사는 대장을 50cm가량 절제했다고 했다. 또한 항암제 투여 후 한 수술이라, 후유증이 커질 가능성이 높아 중환자실로 옮겨 경과를 지켜봐야한다고 했다.

남편은 수술 후 상태가 심각해서 중환자실 내 무균실로 이동했다. 일반인의 백혈구 정상수치가 3,500~8,000인데, 수술 후 백혈구 수치가 130으로 떨어졌고, 현재는 70으로 떨어졌다고 했다. 주치의는 마지막으로 냉동되지 않은 혈액을 그대로 수혈해 보는 방법을 쓰자며 내일 아침까지 O형 혈액을 가진 사람을 최대한 많이 채혈실로 보내 달라고 했다.

우리는 CBS, 목포 극동방송 등 방송과 인터넷에 글을 띄우고 우리가 알고 있는 모든 분들께 상황을 알렸다. 그때 우리 교회 학생들과 청년들은 직접 쓴 피켓을 들고 연대 앞 신촌사거리에서 헌혈을 호소했다고 한다. 이른 아침 방송을 듣고 등굣길과 출근길에 모인 학생과 직장인들이 100명이 넘었다. 이때 채혈실로 몰려든 사람들로 병원 관계자들이 크게 놀랐다고 한다. 계속 소식을 듣고 달려오는 고마운 분들이 줄을 이었다. 신체검사 및 피검사 결과를 통해 아들 친구가 1순위로 결정되었다. 수혈 후 남편의 백혈구 수치는 70, 500, 1,000으로 점차 상승했다.

의사는 거듭 기적이라고 했다. 하지만 그 후로도 남편은 심한 고열과 구내염 설사, 손발 마비, 오한 등으로 고통에 시달려야 했다. 남편은 하나님의 은혜 가운데 기적적으로 12일 만에 중환자실에서 일반 병실로 옮겨졌다. 절대 안정이 필요한 상태라 병실 앞에는 '면회 사절'이 붙었다. 가족도 한 사람씩만 들어갈 수 있었다. 몇 차례의 항암 치료와 수술에 따른 지독한 병치레로 74kg이던 남편의 몸무게는 49kg이 되었다. 2006년 4월, 6번의 항암 치료를 거쳐 남편은 마침내 완치 판결을 받았다. 수술을 담당했던 신촌 세브란스 외과 전문의 교수는 남편에게 이렇게 말했다고 한다.

"나는 하나님을 믿지 않지만, 죽음 직전의 상황에서 당신이 치료된 것은 순전히 하나님이 살려 주신 것입니다."

퇴원 후 남편은 집에서 회복 과정 중에 성경을 7독 했다.

❖ 달동네 교회를 떠나다

1995년 8월, 재개발로 인해 10년 동안 정들었던 달동네를 떠나

야했다. 시흥동 달동네는 사역에 대해 모르던 우리를 사랑으로 품어준 친정 같은 곳이며, 혼신을 다해 사역에 힘을 쏟았던 곳이기도 했다. 구구절절한 사연들을 추억의 가방에 담았다. 우리 한우물교회는 시흥에서 가장 번화한 시흥사거리에 위치한 금성빌딩 4층으로 이전했다.

모든 환경이 완전히 새롭게 변했다. 우리 손으로 지은 이전의 성전과 달리, 엘리베이터가 있는 번듯한 건물 안에 130평 규모의 성전이 허락되었다. 재래식 화장실이 아닌 수세식 화장실이 8개나 되니, 이제는 줄을 서지 않아도 되었다. 화장실에 세면대도 있고, 하얀 타일이 깔려 있어 예전에 살던 방보다 깨끗했다. 성도들은 기뻐하며 춤을 췄다.

하나님께서는 타교회의 장로님을 통해 새 장의자를 놓아 주셨다. 130평 일부를 목양실, 교육관, 전도사실, 청년회실 등으로 나누었다. 학생들이 늘어나면서 옆에 있는 빌딩 40평을 얻어 교육관으로 사용했다. 심방 전도사, 중등부 · 아동부 전도사 등 세분의 부교역자들이 세워졌다.

달동네에서 매주 화요일에 열었던 은사 집회가 수요 저녁 집회로 변경됐다. 건물에 사무실들이 있어 소음 때문에 낮 집회를 할 수 없었다.

변한 것은 환경만이 아니었다. 성도들의 모습도 달라 보였다. 달동네에서 볼 때보다 왠지 더 멋지고, 부요하게 보였다. 사람은 환경을 만들고, 환경은 사람을 성장하게 하는 것 같다.

❖ 중·고등부 수련회(2004년 8월)

2004년 8월, 중고등부 여름 수련회 강사로 나섰던 때를 잊을 수가 없다. 약 50~60명의 학생들과 전도사님, 교사, 봉사 위원 등 80여 명이 함께했다. 전도사님은 이번 수련회에 믿음이 견고히 서지 않은 학생들이 많이 참여했다고 전했다. 한데 나는 수련회에 참석한 학생들을 보고 있는 것만으로도 가슴이 벅차올랐다. 그들에겐 눈앞의 산도 옮길 듯한 힘이 있어 보였다.

강원도 정선의 깊은 산속에 위치한 기도원에 도착했다. 어느 누구나 예외 없이 질서 있게 움직였다. 말씀을 듣고 은혜를 받기 위해 최선을 다하는 학생들의 모습이 무척이나 귀하게 보였다. 수련회는 매시간마다 완전히 축제 분위기였다. 하나님의 동산에서 학생들은 악기에 맞춰 찬양하며, 춤추고, 기뻐했다. 봉사 위원들이 준비한 식사가 얼마나 맛있던지 남김없이 그릇을 비웠다. 에너지 소모량과 비례하여 채우는 양도 적지 않았다. 식사시간은 마치 군대의 취사부대가 움직이는 것 같았다.

학생들이 잘 따라 주어서 힘들지 않게 집회를 진행했다. 특강 중엔 학생들 한 명 한 명을 위해 기도했다. 기도 받은 학생들마다 진동하며 방언이 터졌다. 누가 시킨 것도 아니건만 학생들은 손에 손을 잡고 크게 소리 지르며 뛰기 시작했다. 소와 말이 뛰듯 무섭게 뛰었다. 돌아가며 움직일 때는 거센 파도가 밀려오는 듯했다. 교사들과 봉사 위원들까지도 은혜 속에 하나가 되었다. 말 그대로 불의 역사가 강하게 임했다. 그중 드럼을 치던 학생이 어리둥절한 표정을 지었다. 앞으로 나오게 하여 그를 위해 기도했다.

"예수 그리스도의 이름으로 명하노니, 그에게서 나가라"

"네. 안녕히 계세요."

인사하고 들어가면서 "왜 나는 안 되지?" 했다. 그 모습을 보고 있던 학생들은 크게 웃으며 즐거워했다. 모두 '이번 수련회는 대박'이라고 입을 모았다.

그때의 수련회를 떠올릴 때면 동참했던 학생들이 그리워진다. 이제는 성인이 되었을 그들. 지금은 어디서 무슨 일을 하던 신앙생활을 잘 했으면 하는 바람이 간절하다. 그리스도의 향기를 가득 품은 청년으로 성장했을 그들을 다시 만나고 싶다.

❖ 종탑 밑에 심은 씨앗

2001년 7월 17일, 샘솟는기도원 설립 예배를 마쳤다.

예배 후 우리 성도들과 참석한 모든 분들이 기도원 종탑 밑에 모여 섰다. 한우물교회를 개척하고 합심 기도를 할 때마다 이름을 기록해 둔 기도 명단을 가져왔다. 명부엔 샘솟는기도원이 세워지기까지 물심양면으로 애써 주신 분들의 이름들이 빼곡히 적혀 있었다. 한낱 명단이 적힌 종이에 불과하지만, 한우물교회와 샘솟는기도원이 이 땅 위에 세워지기까지 쌓인 기도와 눈물이 담긴 소중하고 보배로운 기록이었다. 교회 신축시 기초석 아래에 묻기 위해 오랜 세월 동안 기록하고 모아온 것이나, 기도원이 먼저 세워져서 그 복된 땅에 기도의 씨앗들을 심기로 했다. 종탑 밑을 깊게 파서 큰 통을 묻고, 그 안에 기도 명단을 넣었다. 소중하게 간직해 온 명단 뭉치를 보고 모두가 좋아라 했다.

"모든 분들을 잊지 않고 기억하겠습니다."

한 삽 한 삽 시멘트를 덮고 작업을 마쳤다. 하나님께 명단에 새겨진 이름 하나하나를 기억해 달라고 기도했다. 세상 끝날 때까지 하나님 나라를 위한 기도가 응답으로 이어져 갈 것을 믿는다. 이토록 귀한 성도들과 함께할 수 있었던 세월이 기쁨의 열매가 되었다. 힘들고 어려울 때마다 함께 기도해 준 성도들이 고맙다. 항상 든든한 버팀목이 되어 감사했다. 충성스러운 일꾼들과 사역자들이 있어 매주 천리길 기도원에 오르내릴 수가 있었다.

그러던 중 부교역자들이 바뀌고 새로운 중·고등부 전도사가 부임했다. 목사님의 투병과 교회 사정을 전하고 사역을 맡겼다. 그 전도사님의 소개로 아동부 전도사님도 오게 되었다.

나는 남편과 함께 기도원에 다녔다. 전도사님들이 맡은 일들을 잘 감당해 주는 것 같아서 감사했다. 한데 나중에 성도들로부터 이야기를 듣게 되었다. 중·고등부 전도사님이 교회의 허락도 받지 않은 채 주일예배에서 영어 설교를 하고, 예배 때면 자기 맘대로 이벤트를 자주 연다는 것이었다. 아동부 전도사 역시 성도들의 가정을 다니며 물건을 팔거나 판매를 권면했다고 했다.

목사님은 주일 낮 예배를 마치고 이들을 전격 해임했다. 그리고 성도들에게 이 사실을 알렸다. 사임 소식을 들은 전도사님들은 이유를 묻지도 않고 소지품을 챙겨 떠났다. 그러더니 성도들에게 전화를 걸어 교회와 목회자에 대한 불만을 부추겼고, 좋은 교회를 소개해 주겠다며 성도들을 선동했다. 학생들에게 영어를 가르쳐 주겠다면서 교회를 다니지 말라고 미혹했다. 중등부와 아동부 부장마저 그 전도사님들의 뜻에 동조하여 교회를 떠났다.

작은 불씨가 커져 교회에 불만과 불평이 쌓이자 분열이 일어나기 시작했다. 가장 믿고 아끼며 10년 이상을 함께 해온 심방 전도사까지 이 일에 동조했다. 목사님은 배신감에 많이 고통스러워했다. 수습하기까지 꽤 오랜 시간이 걸렸다.

비가 몹시 쏟아지는 어느 날이었다. 저녁 늦게까지 남편이 집에 돌아오지 않아서 찾아 나섰다. 길 옆 의자에 앉아서 쏟아지는 비를 맞으며 힘없이 앉아 있는 남편을 발견했다. 빗물인지, 배신감에 흘러내린 눈물인지 온몸이 젖어 있었다.

그날도 철야기도에 나갔다. 심방 전도사의 실체가 궁금했다. 창자가 끊어지도록 애통해 울고 또 울었다. 하나님께서 사도바울이 디모데에게 전한 디모데후서의 한 말씀을 주셨다.

구리 세공업자 알렉산더가 내게 해를 많이 입혔으며
주께서 그 행한 대로 그에게 갚으시리라 (딤후 4:14)

큰 위로가 되었다. 그 일을 겪으며 "돌다리도 두드려 보고 건너야 한다"는 격언을 되새겼다.

❖ 금식기도는 비상구

나는 금식을 자주한다. 영적인 사역을 위해서는 반드시 금식이 필요하다고 생각한다. 지금 생각해보면 먹는 날보다 굶는 날이 더 많았던 것 같다. 심지어 지금 목사가 된 아들을 임신했을 때도 금식을 했다. 절박함 때문에 새 생명을 품고도 금식을 멈추지 않았다. 금식하며 심방 다니는 것을 보고 나를 아는 사람들은 예수에 미쳤다고 손가락질했다. 날마다 사역 현장을 지키면서도 나는 여전히 영적인 일에 배가 고팠다.

삶의 막다른 길목에서 아무것도 할 수 없을 때, 나의 선택은 언제나 금식이었다. 삶의 고된 언덕, 그 언덕을 넘어서기 위해 나의 생명을 걸고 기도했다. 다른 길은 알지도 못하고, 다른 길은 없다고 생각했기에. 허리가 꺾이는 듯한 아픔과 통곡을 쏟아 내야만 했다. 모두가 할 만큼 했다고 돌아설 때도, 나는 왜 그렇게도 기도할 일이 많았던지…….

깊은 산속에 혼자 남아 기도했다. 오직 하나님께 구하는 금식기도만이 구원의 비상구라 믿었다. 비상구는 생명의 통로다. 고통의 순간 우리는 모두가 혼자가 된다. 긴 사막 가운데 홀로 덩그러니 버려진 것처럼 어디로 가야할지, 어떻게 나가야 할지 물어도 대답해 줄 사람이 없다. 생의 어느 시점에선가 대다수의 사람들은 이런 나락을 마주하게 된다. 그럴 때 나는 영혼의 비상구인 금식기도를 한다.

금식하며 기도하면 힘이 솟는다. 어떤 두려움보다 더 세찬 큰 힘을 뿜어낸다. 불안과 두려움 속에서 크고 놀라운 힘을 발휘하기도 한다. 논리적으로는 이해할 수 없는 힘! 금식기도는 인간의 영역이 아니다. 금식일이 늘어갈수록 죽음에 가까운 고통을 느낀다. 상황과 맞서 싸울 힘조차 없을 만큼 무기력해진다. 그렇게 우리가 의지할 수 있는 모든 것을 내려놓고 오직 하나님만을 바라보고 엎드리는 것이 금식이다. 도우심을 청하는 것이다. 그럴 때, 하나님은 우리가 상상하지 못한 방법으로 문제를 해결해 주신다.

죽음으로부터 생명을, 절망을 소망으로 전환시켜 주시며 우리를 살게 하신다. 금식기도는 하나님의 시각으로 문제를 볼 수 있게 한다. 우리 모두는 그 하나님의 시각이 필요하다.

태산처럼 보이는 문제나 세찬 풍랑에 떠밀려 인생이 송두리째 흔들릴 때가 있다. 풍랑처럼 다가오는 이런 상황들이 해결되기를 원한다면, 하나님 품으로 들어가야 한다. 하나님께 가는 비상구. 그것은 바로 금식기도다.

셀 수 없이 많은 금식을 선포하는 동안, 우리 아이들은 부모의 사랑에 배가 고팠을 것이다. 그러나 나는 금식기도가 자녀들을 위해 할 수 있는 최선의 사랑이라고 생각했다. 내가 지키고 사랑하는 것보다 내 기도를 들으신 하나님께서 내 자녀들을 더 잘 지켜 주시고 채워

주시리라 믿었다.

나의 자식들도 어려움에 처할 때면, 금식기도를 한다. 나의 금식기도를 통해 배운 것 같다. 그런 모습을 바라보며 영적인 일에 길잡이가 되도록 쓰임 받게 하심에 감사한다.

지금도 금식기도는 계속되고 있다.

> 내가 기뻐하는 금식은 흉악의 결박을 풀어주며
> 멍에의 줄을 끌러주며 압제 당하는 자를 자유케 하며,
> 모든 멍에를 꺾는 것이 아니겠느냐 (사 58:6)

• • •

삶의 막다른 길목에서 아무것도 할 수 없을 때, 나의 선택은 언제나 금식이었다. 삶의 고된 언덕, 그 언덕을 넘어서기 위해 나의 생명을 걸고 기도했다. 다른 길은 알지도 못하고, 다른 길은 없다고 생각했다. 오직 하나님께 구하는 금식기도만이 구원의 비상구라 믿었다.

• • •

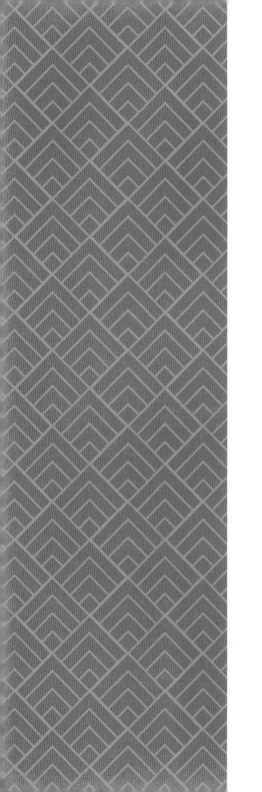

Chapter 6

암흑 속에 갇힌 세월

❖ 하나님, 미쳤어요?

　남편과 내가 평범한 노년을 보내는 것이 하나님의 계획에 없었던 것일까. 그것은 단지 심신미약자의 우발적인 난동이었을까. 그렇다면 하나님이 남편을 버렸단 말인가.

　남편을 보내고 온전한 정신으로 살 수가 없었다. 기도원 성전에 들어갔다. 참았던 분노가 폭발했다. 나는 강단 위로 뛰어 올라가 미친 듯이 소리치며 하나님께 삿대질을 해댔다.

　사건이 발생한 바로 전날 밤에도 나는 여느 때처럼 성전 기도 자리에 있었다. '그랬으면 귀띔이라도 해 주셨어야지, 어떻게 이럴 수가 있느냐'며 울부짖었다.

　"하나님, 미친 거 아녜요? 아니 하나님 미쳤어요!"

　이렇게 앙칼지게 하나님을 비난하면서 울다가 지쳐 쓰러지고 일어나기를 반복했다. 하나님이 미치지 않고서야 이럴 수는 없다고 마구 소리를 질러댔다. 다시는 하나님을 찾지 않겠다고도 했다.

기도원의 강단 옆문을 열면 남편이 누워 있는 산자락이 보였다. 문을 열어 놓고 넓은 강단 바닥을 떼굴떼굴 구르며 통곡했다.

"당신은 지금 미쳐 가는 내 모습을 보고 있는 거야? 하나님은 나를 버렸어. 그때 나도 같이 갔어야 했는데, 그것도 허락하시지 않았어. 사는 게 너무 힘들고 사람들도 무서워. 당신 있는 곳으로 나 좀 데려가 줘."

좀체 시원해지지 않는 가슴을 뜯으며 나는 다시 일어나 하나님께 대들었다.

"하나님, 왜 말씀 갖고 뺑치시는 건데요? 힘들고 지쳐 쓰러질 때마다 말씀과 위로를 주셨잖아요. 그 약속 붙들고 십자가만 바라보며 달려왔어요. 그런데 이건 아니잖아요. 하나님, 왜 나한테 뺑치시는 건데요? 하나님!"

성전이 들썩이도록 소리쳤다. 울다 지치면 "이깟 기도원이 무슨 소용이야. 당장 팔아 버리겠다"며 엄포를 놓았다.

우리 교회 성도들의 땀과 눈물과 기도로 세워진 영적 에덴동산. 끝까지 지켜 내고 싶었다. 남편의 남은 사역을 이루어 가고도 싶었다. 그런데 끝내고 싶은 마음이 시도 때도 없이 고개를 내밀었다.

"하늘도 땅도 다 미친 거야."

그때 음성이 들렸다.

"그래 나 미쳤다. 어쩔래! 너 같은 인간들을 구원하기 위해서 내 아들 독생자 예수 그리스도를 십자가에 못 박혀 죽게 했으니, 내가 미치지 않고서야 어찌 그 일을 할 수 있었겠느냐?"

순간 내 몸은 떨고 있었다. 꼼짝할 수가 없었다. 강단에서 엉금엉금 기어 내려왔다. 그리고 성전 바닥에 납작 엎드렸다.

"잘못했습니다. 용서해 주세요. 저를 불쌍히 여겨 주세요."

그때 말씀이 다시 들렸다.

오라 우리가 여호와께 돌아가자
여호와께서 우리를 찢으셨으나 도로 낫게 하실 것이요,
우리를 치셨으나 싸매어 주실 것임이니라 (호 6:11)

하나님께 돌아오라는 말씀에 순종해야 했다. 타들어 가는 내 눈물 속에 하나님이 있는 것 같았다.

❖ 큰딸 박사학위 받던 날

관악산 밑 달동네에 살았던 우리는 다른 지역보다 높은 지대여서 비행기가 지나가는 것을 유독 가까이서 볼 수 있었다. 비행기를 볼 때마다 큰딸은 입버릇처럼 말했다.

"이다음에 나도 저 비행기 타고 꼭 미국에 갈 거야."

큰딸은 어려서부터 영특하고 말을 잘 해서 친가 어르신들로부터 "우리 집안에 변호사가 나오겠다"며 칭찬을 받았다. 나는 큰딸에게 법대에 갈 것을 권했다. 상위권 성적을 유지하던 딸은 첫 입시에서

원하는 대학교에 가지 못했다. 나는 재수, 삼수를 시켜서라도 꼭 법대에 보내고 싶었다. 두 번째 입시에서는 장학생도 무난하다는 대학을 선택해서 지원했지만, 또다시 실패했다. 큰딸은 기도하다가 신학교에 가라는 응답을 받았다고 했다. 나는 안 된다고 고집했다. 영예로운 일이었으나 인간적인 생각으로 내가 밟아온 험난한 길을 딸이 걷지 않았으면 싶었기 때문이다. 딸은 자진해서 신학교에 원서를 내고 시험을 치렀다.

공교롭게도 큰딸 합격자 발표일이 내 수술 날짜와 겹쳤다. 신학교에 수석으로 합격했다는 소식을 병원에서 들었다. 한편으로는 기뻤지만, 겉으로는 법대에 꼴찌로 합격한 것만 못하다고 불평했다.

한편 직장에서 나를 언니처럼 따르던 동생이 그날 소천했다는 소식을 들었다. 갑작스럽게 날아온 비보에 마음이 아팠다. 수술에서 회복한 뒤 여러 날이 지나서 기도의 자리로 갔다. 많이 울었다. 내 맘대로 되는 게 하나도 없었다.

'이럴 바엔 아예 인문계가 아닌 상업 고등학교를 보낼걸. 그럼 어려운 살림에 보탬이라도 되지. 신학교는 나중에 자기가 원하면 갈 수 있을 텐데. 하나님, 왜 이러는 건데요?'

다음날 기도 중에 하나님께 "무엇이 불만이냐?" 하는 꾸지람을 들었다. 법학 위에 신학이 있다고도 했다. 그 말씀에 정신이 퍼뜩 들었다.

신학교를 졸업한 뒤 큰딸은 미국 유학길에 올랐다. 켄터키 주에 위치한 남침례교신학교에서 상담학 석사학위를 받고, 클리블랜드에서 2년 동안 임상 수련을 받은 뒤, 조지아 주에 있는 에모리대학교 목회상담학 박사 과정에 들어갔다. 학비는 장학금으로 충당했다. 생활비는 아르바이트를 해서 벌었다.

박사 과정 마지막 학기 논문을 쓰고 있던 딸은 갑작스런 아버지의 소천 소식을 듣고 곧바로 귀국했다. 장례를 마친 후 큰딸은 여러 가지 법적 문제들을 해결해 나갔다. 그리고 논문을 끝내기 위해 다시 미국으로 들어갔다. 그러나 충격에서 헤어나지 못한 딸은 논문을 손댈 수 없을 만큼 힘들어했다. 딸이 학위 논문을 마칠 수 없을 것 같아 포기하려고 할 때, 이 상황을 아신 지도교수가 딸에게 위로와 격려를 아끼지 않았다.

그리고 마침내 2016년 5월, 딸은 박사학위를 받았다. 내가 미국에 갈 수 있는 형편은 아니었지만, 부모형제를 떠나 머나먼 이국에서 딸이 홀로 이루어낸 그 자리에 어미인 나라도 참석하여 축하를 보내줘야 할 것 같았다. 전에 남편과 함께 딸의 졸업식에 가기 위해 여권을 미리 준비해 두었는데, 애석한 맘 그지없었다.

졸업식 날, 우리 모녀의 함박웃음 위로 하염없이 눈물이 흘렀다. 딸과 함께 크루즈 선박에도 오르고 여기저기 구경도 다녔지만, 곁에 없는 남편 생각에 마음 한 켠이 쓸쓸했다. 좋은 것을 볼 때마다 함께 오기로 했던 남편의 빈자리가 더욱 크게 느껴졌다.

졸업 후 미국에서 교수로 재직하던 딸이 한국으로 돌아왔다. 현재 큰딸은 신학교 교수로, 전문 상담사로 바쁜 일상을 보내고 있다.

믿음으로 산다고 항상 원하는 것이 이루어지거나, 모든 것이 계획

대로 풀리는 것은 아니다. 하나님은 오히려 우리의 바람을 무너뜨림으로써, 각 사람을 하나님의 자녀로 빚어 가시며 당신의 나라를 굳건히 세워 가신다. 사랑하는 자녀들을 바라볼 때마다, 믿음 안에 든든히 세워진 것에 감사하다. 무엇보다 하나님의 크신 사랑과 인도하심을 찬양한다.

❖ 사노라면

남편 소천 후 기도원에 처음으로 내려왔다. 늘 믿고 의지하는 마량중앙교회 김희근 목사님과 가까이에 있는 대구제일교회 장고경 목사님을 생각하며 용기를 냈다. 또한 10년 동안 가족같이 지내던 기도원 원목과 사모가 있어서 괜찮을 거라 스스로를 위로하며 내려올 수 있었다.

그런데 기도원에 도착하자마자, 원목이 사직서를 내밀었다. 새로운 사역지를 찾아서 떠나겠다고 했다. 절망감이 밀려들었다. 지금 내 처지를 누구보다 잘 알고 있는 사람이 사직서 내미는 것이 그리 급했을까? 배신감을 주체할 수가 없었다. 분노가 치밀어 올랐다.

남편의 빈자리가 느껴질수록 무시당하지 않고 더 당당하게 살아보려고 했지만 처음부터 한계에 부딪쳤다. 그때 그 사건처럼 다시 한 번 인생이 바닥으로 곤두박질치는 것 같았다. 모든 것이 막막했다. 내가 세상을 너무 모르고 사람도 너무 모르고 살아온 것일까. 그 일이 있은 후로 나는 주위 사람들을 힘들게 했다. 감정이 수시로 폭발했고, 작은 일에도 분노가 일며, 함께한 사람들을 놀라게 하고, 상처를 줬다. 한동안 나 자신을 주체할 수가 없었다.

　남편을 잃고 기도원에 처음 내려온 날 불쑥 들이밀던 원목의 사직서는 10년이 지난 지금도 잊히지 않는 상처로 남아 있다. 지금까지 그들은 내게 안부 전화 한번이 없다. 남편의 묘지에 꽃 한 송이도 갖다 놓지 않은 매정함에 마음이 시리다. 은혜는 물에 새긴다고 했던가? 사람은 다만 사랑할 대상일 뿐. 믿을 만한 존재가 아님을 새삼 느꼈다.

❖ 일에 미쳐야 살 수 있었다

　어느 날 일을 마치고 방에 들어갔는데 큰 지네가 보였다. 너무 놀라서 소리를 지르다 문득 이제는 더 이상 이것을 처리해 줄 남편이 없다는 것을 깨달았다. 기도원 주변에는 뱀, 지네, 각종 벌레들이 많았다. 평생 서울에서 생활한 나는 이런 것들이 무서웠다. 벌레만 봐도 남편에게 치워 달라 했는데. '이제는 스스로 해결해야 된다. 강해져야만 한다'고 거듭 다짐했지만, 여전히 현실은 두렵고 무서웠다. 세상의 온갖 고난이 내게만 몰려드는 것 같고, 동시에 세상으로부터 버림받은 느낌이었다.

　그 후로 오랜 날들을 그저 살아 있어서 살았고, 살아 있어서 일했다. 기도원에서 하루 종일 일에 미쳐 살았다. 눈을 뜨자마자 밭에 나가 저녁까지 일했다. 땅을 파고, 풀을 뽑고, 나뭇가지를 사정없이 쳐냈다. 태어나 한 번도 해보지 않은 일이라 서툴고 힘들었지만, 그렇게라도 해야 살 것 같았다. 먹는 것도 잊어 버렸다. 신발도 거추장스러워 맨발로 다녔다. 하루는 동생이 서울에서 내려왔지만 차마 나를 말리지 못했다. 날마다 그런 생활이 이어졌다.

미쳐서 일할 때 그나마 살 만했다. 지쳐서 일하는 동안만이라도 나를 잊어 버릴 수 있었다. '내일은 모른다. 지금 하지 않으면 안 된다'며 나를 몰아세웠다. 드디어 몸이 견디질 못했다. 허리, 다리가 아팠다. 아픈 다리를 질질 끌며 밭으로 가는 나를 보던 동생이 눈물로 말렸다.

"오늘 일하다 죽을 거야? 이러다가 정말 죽는다고."

동생의 외마디에 온몸에 힘이 쭉 빠졌다. 벌러덩 밭고랑에 누워 버렸다. 높은 하늘, 그 파란 하늘엔 평화로이 흰 구름이 떠 있었다.

두 눈을 감았다. 세상 모든 것은 다 그대로 있는데, 왜 나만 이렇게 힘든 걸까? 그러나 그것도 잠시, 나는 다시 일어나 일에 파묻혔다. 나는 내가 아니었다.

남편의 사건 이후로 계속 정신과 진료를 받았다. 기도원에 다녀올 때마다 점점 지쳐 갔다. 정신과 의사는 "살고 싶으면 기도원을 떠나세요. 그리고 다른 세상으로 가세요. 차라리 멀리 여행이라도 다니세요."

하지만 내 귀에 들리지 않았다. 기도원까지 내려놓는다면 내 인생이 끝날 것만 같았다. 그것이 남편 대신이라 고집스레 믿었다.

남편이 혈액암 치료 중 복막염 수술 받기 전 남긴 말이 생각났다.

"호남권을 성령의 불로 일으키기 전에는 가지 않는다."

샘솟는기도원을 세우고 남편 목사는 이미 성령의 불을 일으켰다. 그 불이 꺼지지 않도록 지피는 일이 내 몫이라고 생각했다. 몸이 지치고 힘들 땐 팔아 버릴까도 생각했지만, 도저히 용납이 안 되었다. 기도원은 내가 꼭 지켜내야 할 것 같았다.

마음과 달리 시간이 지날수록 건강 상태가 나빠졌다. 실어증, 대인기피증, 불안, 두려움, 공포, 기억 상실, 판단력이 흐려지고 불면증에 시달렸다. 정신과 의사는 갈 때마다 약을 더 독하게 처방했다. 먹고 나면 정신이 멍하고 비몽사몽이었다. 그런 가운데서도 기도원 생활을 계속 이어갔다. 산이 울리도록 소리치며 기도했지만 그것은 단지 영혼 없는 소리일 뿐. 내 믿음은 바닥을 치고 있었다. 아무것도 생각할 수가 없었다. 먹먹했다. 자리에 누우면 끝난 것 같았지만, 어김없이 내일이 찾아왔고, 나는 다시 눈을 뜨고, 또 일을 하고 있었다. 그렇게 외로운 날들이 지속되었다.

❖ 차라리 당신 곁으로

하루하루가 힘들고 괴로웠다. 기도원 원장이라는 이름 때문에 당당해 보이려고 나를 포장해야만 했다. 누구에게도 약한 모습을 보여 주기 싫었다. 하지만 낯선 사람을 대하는 일이 너무 힘들었다. 기도원에 차가 들어오면 반가우면서도 가슴이 철렁했다. 전화기를 들고, 공격 태세를 갖추며, 엄청 긴장해야만 했다. 강인했던 나를 잃어 버렸다. 한편으로는 사람이 그립고 외로웠다. 곁에는 늘 많은 사람들이 있었다. 항상 그렇게 살아갈 줄 알았다. 사람들과 함께할 때는 사람의 소중함도 외로움도 모르고 살았다. 때론 혼자 있는 게 더 편할 때도 있었다.

오래 전 교회에 철야기도를 나갈 때면 성도들은 나에게 물었다.

"사모님 혼자서 기도하는 것 외롭지 않으세요?"

"외로운 게 뭔데? 나에게 제일 좋은 시간은 철야기도 시간이야."

그때 그 성도들이 너무 그립고 보고 싶었다. 이제 더 이상 가면을 쓸 수도 버텨낼 수도 없었다. 아무것도 하고 싶지 않았다. 몇 분에게 죽고 싶다는 문자를 보냈다. 힘들면 누구나 한번쯤 하는 말이라고 생각했는지 아무에게서도 답이 없었다.

'내가 너무 센척하며 살았던 것일까? 아니면 나에 대한 믿음과 기대감이 컸던 것일까? 그동안 잘못 살았구나!'

슬펐다.

마음의 준비를 하고 마량면에 갔다. 목욕을 하고 미장원에서 머리도 하고, 가방에 주민등록증도 챙겨 넣었다. 바닷가에 서 있는 내 모습을 볼 때 누구도 이상하다고 생각하지 않았을 것이다. 바다 위로 자식들의 얼굴이 떠올랐다. 마량 바닷가에 선 이 못난 어미는 미동도 못한 채 그저 눈물만 흘리고 있었다. 얼마의 시간이 흘렀을까.

해가 지자 파란 물이 검게 보였다. 금세 바다로 뛰어들고 싶던 몇 시간 전의 마음은 사라지고, 검은 바닷물이 무서워졌다. 자리에 주저앉았다.

택시를 타고 기도원으로 향했다. 왜 못 뛰어들었을까? 아이들 때문일까? 아니면 삶에 미련이 있어서일까? 기도원에 도착하니 백 집사님이 반갑게 맞아 주었다.

"왜 이제야 오세요?"

늦은 시간까지 내가 돌아오지 않자 불편한 몸을 이끌고 밖에 나와서 기다리고 있었다.

'아직 내 곁에 사람이 있었구나.'

감사했다. 방에 들어와 보니 생각지 않은 목사님에게서 메시지가 왔다. 전에 기도원에 강사로 오신 분인데, 내 문자를 받고 놀라셨나 보다.

'…… 절대 약해지시면 안 됩니다.'

일본에서 집회 중이라시며 다 끝나면 찾아올 테니 다른 생각하지 말라고. 하나님은 나를 위해 멀리 집회 중에 계신 목사님을 급하게 움직이신 것 같았다. 내가 뭐라고…….

얼마 후 함께했던 백 집사님이 하나님 나라로 이사했다. 내 곁에서 사랑하는 사람이 떠난다는 것이 견딜 수 없이 아팠다. 남편이 떠난 후로 백 집사님은 기도원에 내려와 지내셨다. 나에게 큰 위로가 되고, 힘이 되어 주었다.

가까운 사람을 잃고 나니, 또 다시 상실감이 찾아왔다. 메시지를 보내셨던 목사님은 틈날 때마다 글을 보내 주셨다. 백 집사마저 떠나 버린 시간을 그분의 위로 메시지로 채워 갈 수 있었다. 절망 끝에서 다시 추스르고 일어설 수 있는 용기를 주신 분이 계셔서 참으로 감사했다.

❖ 정신 차리니 할 수 있었다

기도원의 원목들이 교체될 때마다 마찰이 생겼다. 그들은 대부분 사명감으로 일하기보다 기도원을 통해 자신의 이득을 챙기는 데 급급한 듯했다. 혼자인 나를 더 고립시키거나 내가 기도원에 내려가는 것을 원치 않았다. 무엇보다 내가 원장이지만 목사가 아니라는 이유로 무시하고 선을 넘을 때가 많았다.

그러고 보니 남편이 있을 때는 내가 목사님들이나 다른 남자들과 업무적으로 관계할 일이 거의 없었다. 늘 모든 일을 알아서 처리하는 남편 덕분에 나는 기도 사역만을 주로 담당했다. 반목이 생길 때마다 김희근 목사님이 오셔서 해결해 주셨다.

부끄러운 줄도 모르고 서러운 마음에 눈물을 쏟으며 소리쳤던 때를 돌아본다. 지금도 목사님에게 한없이 죄송하고 부끄러운 마음이다. 원목들과 부딪치는 일로 마음이 무너지고 힘을 잃은 내게 김 목사님은 기도원을 운영하려면 목사 안수를 받으라고 조언해 주셨다. 한동안은 듣지 않았다.

얼마 후 기도로 준비하고 김 목사님의 권유를 받아들였다. 2015년 12월 민족복음화운동본부 부흥사 연수원을 졸업하고, 2016년 10월 고신 개혁 측에서 목사 안수를 받았다. 정신적으로 육체적으로 힘든 시기였지만, 기도원 사역을 감당하기 위해서 새로운 용기를 냈다.

그 외에도 나는 자신의 한계를 극복하기 위해 피나는 노력을 했다. 지난 2017년 9월. 72세 되던 해에 운전면허를 취득했다. 정신과 치료를 받고 있을 때였다. 이 소식을 들은 담당의는 놀라워 했다. 지금 나의 상태로는 불가능한 일을 해냈다며. 사실 면허시험을 준비하며 기억력도 예전 같지 않고, 무엇보다 마음이 잘 다스려지지 않아 힘들었다.

하지만 나를 지키고 기도원 사역을 잘 감당하고 싶은 마음에 이를 악물고 노력했다. 필기시험은 잘 통과하였는데, 실기시험을 위해 운전 레슨을 받을 때 집중이 안 돼서 고생했다. 지적을 받을 때마다 그만두고 싶었다.

'강사는 내 맘을 알까? 내 상태를 알고도 이렇게 할 수 있을까?'

하지만 포기할 수가 없었다. 밤마다 거실에서 손주가 타는 붕붕카에 앉았다. 바닥에 파란 테이프를 붙여 놓고 우회전, 좌회전, 유턴 연습을 했다. 운전 연습을 하다 보니 남편 생각이 많이 났다.

남편도 늦게 운전면허를 땄다. 운전면허 시험에 합격한 날, 남편은 좋아하면서 밖에서 식사하자고 했다. 난 "잘했네. 남들 안 딴 면허 딴 거 아니니 그냥 집으로 오라"고 했다.

실기시험 합격 통보를 받는 순간, 나는 운전학원 바닥에 주저앉았다. 남편에게 너무 미안했다. 이렇게 힘들고 어렵게 땄을 텐데, 맘껏 축하해 주고 함께 나가서 식사할 걸……. 후회스런 마음이 밀려들었다. 그곳에 있던 사람들은 운전면허 합격했다고 이렇게 우는 사람 처음 봤다며 웃었다.

'그래. 당신들은 내 맘 모르니까…….'

집에 도착하니, 아이들이 꽃다발을 안겼다. 남편 생각이 더욱 간절했다. 힘겨운 도전을 통해 아직 내가 살아 있음도 확인했다.

❖ 여전히 함께하고 계셨다

시간이 지나면서 한동안 중단했던 기도원 집회를 다시 이어갔다. 때로는 외부 강사를 세우고, 때로는 직접 집회를 인도했다. 지금 생각해 보면, 무슨 정신으로 그랬는지 모르겠다. 내가 할 수 있는 일들이 아니었다.

그렇게 기도원을 지키며 힘들고 외로워 할 때 내게 다가왔던 사람들이 있었다. 나는 그들의 정체를 전혀 눈치채지 못했다. 나중에 알고 보니, 그들은 약해진 내 마음을 이용해서 기도원에 접근해 온 이단들이었다.

'하나님이 나와 기도원을 지키셨구나!'

상처받은 나의 마음이 하나님을 외면하고 부정했던 순간에도 모든 것이 하나님이 은혜 가운데 있었음을 깨달았다. 하나님이 다 하고 계셨던 것이다.

돌아보니 홀로 버텨온 10년 세월이 쏜살같이 지나갔다. 가끔 찾아오는 성도들과 목사님들을 만나서 이야기 나누다 보면, 지나온 세월이 꿈만 같다. 어떻게 그 세월을 살아낼 수 있었는지…….

그 가운데 잊을 수 없는 일이 있다. '대만 PK 비보이 댄스팀' 30여 명에게 4박 5일 동안 숙식을 제공하며 섬기는 일이었다. 마량중앙교회 김 목사님께서 이 일을 권유했지만 처음엔 망설였다. 재정적인 어려움도 있고, 일할 사람도 없어서 도저히 감당할 수 없을 것 같았다. 하지만 기도하면서 준비하기로 했다.

'대만 PK 비보이 댄스팀'이 기도원에 도착하자, 행사가 진행되었다. 담당자는 청소년을 위한 문화 사역으로 전도를 하기 위해 훈련된 팀이라고 설명했다. 집회를 보는 내내 그들의 동작 하나하나에 복음이 담겨 있고, 청소년 사역에 꼭 필요한 팀이라는 생각이 들었다. 여러 가지로 상황은 어려웠지만, 하나님의 은혜로 그들을 잘 섬길 수 있어 감사했다. 이 일을 통해서 2015년 3월, 나는 목포 CTS 스페셜 크리스천 초대석에 마량중앙교회 김희근 목사님과 함께 출연했다.

김 목사님의 신앙 간증과 대만 PK 비보이 댄스팀의 활동에 대한 말씀이 있었다. 그리고 진행자는 나에게 "남편과 두 분은 이 지역과 연관이 없다고 들었는데, 전남 강진에 샘솟는기도원을 세우게 된 동기가 무엇이냐?"고 물었다. 그리고 2011년 남편의 가슴 아픈 사건에 대해서도 이야기를 나눴다. 또한 앞으로 샘솟는기도원을 통하여 이루어질 하나님의 일들이 기대된다고도 했다.

방송에서 기도원 이야기를 나누다보니, 지난 시간이 주마등처럼 지나갔다. 기도원 설립부터 지금까지 하나님의 인도하심 없이 이루어진 것이 하나도 없었다. 심지어 남편이 떠난 후에도 하나님은 김희근 목사님을 통해 어려운 일들을 해결해 주시고 용기를 주셨다. 또한 대구제일교회 장고경 목사님은 기도원의 크고 작은 모든 일을 적극적으로 돌봐주고 계신다. 곁에 아무도 없다고 생각했는데, 하나님은 위로자들을 통해 여전히 나를 지키고 보호하시며 인도하고 계셨던 것이다. 답답했던 가슴이 뻥 뚫리는 것 같았다.

◈ 하나님의 큰 약속

하나님 말씀은 생명이고 믿음이고 꿈이고 약속이었다. 고난 가운데 힘들고 어려워도 내일을 소망하며 기도하게 하는 능력이었다. 교회도 기도원도 하나님의 큰일들을 우릴 통해 이루셨다. 그런데 어느 날 갑자기 말도 없이 남편을 데리고 가셨다. 그날 어디 계셨는지. 주무셨는지? 졸고 계셨는지? 그로 인해 내 삶이 송두리째 무너져 버렸다. 모든 것이 암담했다. 하나님의 약속된 큰일들은 이루어지지 않았다. 하나님께 소리 지르며 대들었다.

그러던 어느 날 교회 밴드에 이런 글이 올라왔다.

가벼운 일상을 우습게 여기지 마세요.

그것은 인생의 중요한 일들처럼

주님이 정해 놓으신 것입니다.

-오스왈드 챔버스-

눈이 번쩍 뜨였다. 지금껏 일상적인 일들은 당연한 것이고, 중요한 일만이 하나님의 큰일이라 생각했다. 하나님의 사람으로서 나는 남들이 보기에 크고 특별한 일들을 해내야 한다고 생각했다. 교회를 크게 세우고 기도원을 부흥시키는 것이 내가 해야 할 하나님의 큰일이라고. 남편의 사건으로 그 큰일이 멈춘 듯했다.

하지만 오스왈드 챔버스의 글을 읽고 나서야, 내 하루하루의 작은 일상조차 하나님의 큰일이었음을 깨달았다. 내가 알지 못하는 순간, 당연하다고 생각했던 순간에도, 하나님은 묵묵히 큰일들을 이뤄가고 계셨다. 그로 인해 내가 살 수 있었다. 그런데 나는 남편 사건을 통해 벌어진 모든 비극과 불행한 일들이 하나님 때문이라 원망했다.

일상의 소중함을 깨닫게 되었다. 뒤늦게나마 큰일에 대한 무거운 짐을 내려놓고 보니 마음이 한결 가벼워졌다. 내가 바라던 대로 꿈은 이루어지지 않았다. 하지만 지금껏 사역해 온 모든 일들이, 내가 살아온 모든 순간이 하나님의 '큰 약속'이었음을 깨달았다. 가슴 가득 하나님의 감사로 채워졌다.

Chapter 7

사역은 아직
끝나지 않았다

❖ 뜻밖의 전화 데이트

2021년 5월 한 통의 전화가 걸려 왔다. 40년 전 함께 집회를 찾아다니며 기도했던 기도 동지의 전화였다. 이것저것을 뒤지며 정리하다가 한우물교회 전화번호를 발견하고 반가운 마음에 전화를 했다는 것이다. 그분은 내가 목사가 된 아들을 임신하기 전부터 함께 한 권사님이었다. 갓난아기를 업고 다니며 기도하러 다니는 나에게 열심이 특심이라며 격려해 주었다.

살면서 가끔 권사님이 생각날 때가 있었다. 하지만 너무 오랫동안 연락이 끊겨서, 어쩌면 이 세상 사람이 아닐 수도 있겠다고 생각했다. 우리는 서로 반가워하며 "이게 웬일이냐?"는 말을 반복했다.

춥고 배고파도 은혜 아니면 살 수가 없던 그 시절, 권사님은 나의 마음을 위로해 주고 하나님이 반드시 잘되게 하실 거라 하시던 위로자였다.

언젠가 관광버스를 대절해서 기도원에 가는 모임이 있을 때, 교통비를 낼 수가 없어서 갈 수 없던 나의 차비를 내주신 적도 있었다. 권사님은 우리가 오직 믿음과 기도로 고난의 긴 터널을 통과하며 승리한 것이 너무 감사하다고 했다. 모진 세월은 그렇게 흘러가고 아들이 아버지 뒤를 이어 목사가 되었다며 감격해 하셨다.

나는 이 모든 것이 하나님이 하신 일이며 모두가 같이 기도하고 위로해 준 덕분이라고 회답했다. 한동안 이야기하다 보니 까맣게 잊었던 은혜의 시간과 감사의 기억들이 고구마 넝쿨처럼 캐 올려졌다. 추억을 함께 나눌 분이 내 곁에 있어서 반갑고 감사했다.

권사님은 조금이라도 더 건강할 때 만나야 하니, 2차 백신을 맞고 난 후 날씨가 조금 선선해지면 꼭 만나자고 했다. 어느새 아흔을 바라보는 권사님은 오래전 뇌졸중으로 쓰러져서 몸의 반쪽이 불편하시다고 한다.

우리에게 남은 시간은 얼마나 될까? 언제쯤 다시 만나 우리가 공유했던 시간들을 추억하며 인생의 출애굽한 역사를 이야기할까? 그날이 무척이나 기다려진다.

"휘~~어이, 코로나."

코로나 백신 주사

2021년 5월 7일 오전 11시. 코로나 예방접종을 받으라는 문자가 왔다. TV 뉴스에서 백신 문제를 보도할 때만 해도 크게 마음 쓰이지 않았는데, 막상 내가 맞으려니 긴장이 되었다. 며칠 간 몸 상태가 좋지 않은 탓에 백신을 맞는 것이 부담스러웠다. 그래도 미룰 수 없다는 생각에 영양제도 맞고 충분히 쉬면서 백신 주사를 맞기 위한 준비를 철저히 했다.

드디어 접종일. 혼자 가도 된다고 했지만, 아들이 동행해 주었다. 정한 시간보다 일찍 도착했다. 1차, 2자 접종을 위해 이미 많은 사람들이 줄을 서서 기다리고 있었다. 나도 그 대열에 합류했다. 주위엔 노인들뿐이었다. 험한 세월을 온몸으로 살아온 탓일까? 지팡이를 짚고, 휠체어를 타고, 부축을 받는 등 누군가에게 의지해 서 있는 분들이 의외로 많았다.

접수처에서 신원을 확인한 뒤 안으로 들어갔다. 이쪽에서 저쪽으로 이동 구간이 여러 군데였다. 안내에 따라 다음 방으로 가서 백신을 맞았다. 내가 맞은 백신은 화이자였다. 막상 주사를 맞고 나니 긴장이 풀리면서 마음이 편안해졌다. 백신 접종자들의 이상반응을 보기 위해 접종 후엔 준비된 의자에 15분간 앉아 있으라고 했다. 주변 사람들이 눈에 들어왔다. 세월을 고스란히 담은 주름진 얼굴과 오래된 삶의 흔적들을 보며 늙어 간다는 것이 실감났다. 거친 흔적은 남기지 말고 세월만 지나가면 안 되는 걸까? 아쉬움과 회한이 밀려들었다. 주변을 살피는 사이 15분이 지나갔다. 팔이 잠시 후끈한 것 외에 별 다른 증상은 없었다. 5월 28일에 2차 접종을 위해 방문하라는 안내를 받은 뒤 기다리고 있는 아들에게 갔다.

"어머니. 접종자들 중에 어머니가 제일 젊고 건강해 보이시던 걸요?"

아들은 살뜰한 말로 내 마음을 살폈다. 아들 역시 어르신들의 모습을 관심 있게 본 모양이었다. 아들은 내 모습을 보며 어떤 생각을 했을까? 하루하루 더욱 건강하고 즐겁게 살아야겠다는 생각을 하며 진료소를 나섰다.

하루가 지나니 팔이 묵직하고 뻐근했다. 혹시나 하는 마음에 진통제를 먹었다. 시간이 가면서 묵직하던 팔이 조금씩 풀렸다. 이틀째 되던 날 보건소에서 별 이상이 없느냐고 전화가 왔다. 3일 이내에 이상반응이 나타나면 의사의 진료를 받으라고 했다. 거듭되는 친절한 안내와 확인이 고마웠고, 복지국가에 살고 있다는 게 실감났다. 다행히 3일이 무사히 지났고, 별 증상도 없었다. 특별하지 않아서 특별히 감사했다.

나이가 들면
건강한 사람이 가장 부자요
건강한 사람이 가장 행복한 사람이요
건강한 사람이 가장 성공한 사람이며
건강한 사람이 가장 잘 살아온 사람이다.
－작자 미상－

나의 남은 날도 건강하게 잘 늙어 가기를 소망해 본다.

하나님이여 내가 늙어 백발이 될 때에도

나를 버리지 마시며 내가 주의 힘을 후대에

전하고 주의 능력을 장래의 모든 사람에게 전하기까지

나를 버리지 마소서 (시 71:18)

❖ 세월

한 번 가면

돌아오지 않는

오늘 이 시간마저도

복사꽃처럼 물들던 우리의 날들은 벌써

옛일

높은 산 거친 들

사슴처럼 들뛰던 내 모습

추억이라 부른다.

고단한 몸

허전한 마음

기도가 안식을 주네.

갈 곳을 이미 알게 하시었으니

오늘도 맑은 하루

아멘

주 예수여 오시옵소서.

❖ 기도원 산사태 (2021년 7월 5일)

2021년 7월 17일은 샘솟는기도원의 21주년 기념일이다. 여러 가지 일들로 미뤄 두었지만 그때쯤에는 꼭 기도원에 내려가야겠다고 작정했다. 그러던 중 지난 7월 5일 기도원 주변에 산사태가 났다는 연락을 받았다. 갑작스럽게 내린 폭우로 인해 기도원뿐 아니라 주변 마을의 피해가 컸다. 농경지는 물론 마을이 물에 잠기고, 둑이 무너지고, 다리가 유실됐다. 걱정스러운 마음에 계획을 변경하여 서둘러 기도원으로 향했다.

기도원에 도착해 보니 상황은 생각보다 심각했다. 물 폭탄으로 인해 기도원 뒤에 있던 오래된 나무들이 뽑혀 나가고 급사면의 토사가 물과 함께 쏟아져 내린 것이다. 이로 인해 토사가 사무실 뒤편 보일러실을 덮쳤다. 서재로 쓰던 방의 지붕과 벽이 무너져 내렸다. 책 가구, 생필품 등 모든 것들이 물에 잠겼다.

젖은 이불을 방에 깔고 장화발로 다니며 집안에 있는 것들을 다 들어냈다. 포크레인 두 대가 끌어낸 토사가 성전 앞에 큰 동산을 이루었다. 강진군 산림청에서 현장 사진을 찍어 갔다. 많은 지역의 피해가 속출하자, 강진군은 예산 부족으로 올해는 더 이상의 공사를 해줄 수 없다고 했다. 어떻게 수습을 해야 할지 막막했다. 기도원을 세운 후 두 번째 겪는 큰 산사태였다.

2012년 여름 강진 일대에 쏟아진 집중호우로 기도원에 첫 번째 산사태가 났다. 그때는 아예 산의 한쪽 면이 다 무너져 내렸다. 우리는 기도실 22개가 무너지는 엄청난 피해를 입었다. 산사태를 직접 겪는 것이 처음이라 어떻게 해야 할지 모르고 있을 때, 강진군에서 직접 나서서 산사태 피해를 입은 곳의 보수공사를 해 주었다. 무너진 산을 다지고 돌로 축대를 쌓는 어마어마한 공사였다. 그들의 도움이 너무 고마워서 그 무더운 여름에 새참을 해 날랐다.

이번 산사태로 혹시 그 축대에도 피해가 갔는지 확인해 보았다. 축대는 견고히 제자리를 지키고 있었다. 그 축대를 보고 있으니, 이번 기도원의 피해로 실망한 나의 마음에 용기가 생겼다.

'그래 다시 쌓자. 무너진 자리에 다시 축대를 쌓아 올리고 더 단단하게 다지면 된다. 내가 할 수 없으면 누군가를 통해 하실 것이다.'

용기를 내어 면사무소와 군청에 들어가 기도원 상황을 알리고 도움을 청했다. 그리고 기도원 주변에 있는 큰 나무들을 베어 달라고 산림청에 신청했다. 폭풍이 몰아치거나 다시 폭우가 내리면 나무가 뽑히면서 성전과 숙소를 덮칠 수도 있기 때문이었다. 우리는 부서진 사무실 지붕과 벽을 급한 대로 수습하고 위험 요소들을 치워 두었다. 짧은 시간 동안 쉬지 않고 할 수 있는 것을 한 뒤 서울로 올라왔다.

기도원에 다녀온 후 이번엔 폭염에 시달리며 심한 몸살을 앓았다.

'이제 별 수 없구나.'

아직 할 일이 많은데 자꾸 체력의 한계를 느끼다 보니 마음마저 약해졌다. 하지만 기도원을 위해 다시 마음을 다잡고 성도들과 합심해서 기도원 복원공사를 위한 집중 기도를 시작했다. 코로나 19로 인해 정부에서 사회적 거리두기를 4단계로 격상하며 현장 예배를 드리지 못하게 되었지만, 온라인 예배와 기도 모임을 통해 도우심을 구했다.

지난 7월 22일, 뜻밖에도 정부에서 해남, 강진, 장흥 지역을 특별재난지역으로 선포했다. 그러자 군에서 나와 쏟아진 토사가 흘러내린 산에 비닐을 쳐 두는 등 후속조치를 해 주었다. 하나님의 은혜로 기도원의 복원공사가 속도를 낼 것 같아 감사했다.

❖ 웬일이니?

2021년 7월 어느 날, 전화가 왔다.

"저 ㅇㅇㅇ 집사에요!"

전화기 너머로 들리는 목소리에서 긴장감이 느껴졌다. 오래전 교회를 떠났던 여집사의 전화였다. 너무 보고 싶으니 꼭 만나 달라고 했다. 내친김에 바로 다음날 만나기로 약속했다. 그녀는 달동네 개척교회 시절 우리 교회 성도였다. 초신자임에도 불구하고 열정이 있었고, 은혜에 대한 사모함이 컸다. 나름대로 집회를 찾아다니기도 하고, 기도도 열심히 했다.

그러다 교회 안에서 신앙의 선을 넘는 문제를 일으켰다. 나는 배신감에 견딜 수가 없었다. 사모라는 위치도, 이성도 내려놓고 잘못된 것을 지적하며 후려쳤다. 그는 미련 없이 교회를 떠났다. 그 후 15년의 세월이 지났다. 가끔은 그 집사가 보고 싶었다. 어디서든지 믿음 안에서 잘 지내기를 바라며 때가 되면 만날 수 있기를 기도했다. 얼마의 세월이 지난 뒤 찾고 싶었지만 소식을 알 수가 없었다.

전화기에서 집사의 목소리가 들리자 무언가 잃어버렸다가 찾은 듯한 안도감이 퍼졌다.

다음날 서울에서 북코칭 수업을 끝내고 귀갓길에 서울 시내의 한 음식점에서 그 집사를 만났다. 코로나 19로 사회적 거리두기가 강화되었지만, 우리는 상관없이 서로 끌어안고 기뻐했다. 아직 50대 초반인 그 집사는 전보다 활력 있어 보였다. 얼굴엔 환한 기운이 가득했다. 한동안 신앙생활을 떠나서 살며 많은 어려움을 겪었지만, 지금은 새로운 가정을 이루어 행복하게 잘 살고 있다고. 신앙생활도 전보다 더 열심을 내고 전도와 봉사도 많이 한다고. 신앙 안에서 잘 성장해 준 그 집사의 모습이 고마웠다.

"돌아보니 그때 내가 참지 못하고 집사에게 너무 심하게 했던 것 같더라. 이 말을 꼭 만나서 해 주고 용서를 받고 싶었어."

"용서라니요. 용서는 제가 받아야죠. 목사님이랑 사모님께서 얼마나 저를 믿고 사랑해 주셨는지 아는데, 제가 죄 짓고 실망시켜 드렸잖아요. 그땐 정말 왜 그랬는지 모르겠어요. 사실 교회를 떠난 뒤 몇 번이나 찾아뵙고 싶었지만, 너무 죄스러운 마음에 용기를 내지 못했어요. 목사님 사건을 들었을 때도 차마 사모님을 마주할 용기가 없어서 찾아오지 못했어요."

"그랬구나."

"이번에 전화드리면서도 얼마나 망설였는지 몰라요. 혹시 거절하시면 어떡하나 걱정됐지만 너무 보고 싶어서 용기 내 연락드렸는데 이렇게 만나 주셔서 너무 감사해요."

"나 역시 지금이라도 마음을 전할 수 있는 기회를 주어 너무 고마워요."

"예전에는 먹고사는 게 어렵다 보니 기도하고 말씀대로 살아야 된다는 목사님과 사모님의 말에 거리감이 느껴졌어요. 하지만 물질적으로 모든 것이 풀어지고 나니, 왜 그때 목사님과 사모님께서 그렇게 영적인 것을 훈련시키셨는지 알게 됐어요. '신통(神通)하면 인통(人通)하고, 인통(人通)하면 물통(物通)한다'는 그 말씀이 이제는 믿어져요. 목사님과 사모님이 우리들을 위해 그렇게 애써 가며 기도해 주고 신앙의 훈련을 시켜 주신 그때가 너무 그리워요."

그녀의 말에서 진심이 느껴졌다. 돌아올 수 없다고 생각했기에 그녀는 더욱 간절히 받은 신앙의 훈련과 말씀을 붙잡고 살기 위해 애썼던 것 같다. 몸은 교회를 떠났어도 마음은 떠나지 못했던 것이다.

"저 한우물교회에 가 보고 싶어요."

"그래 이제 서로 왕래하며 지내요."

비로소 마음의 짐이 하나 벗겨지는 것 같았다. 오래전에 풀지 못한 숙제를 풀 수 있게 해 주신 하나님께 감사했다.

❖ 나무껍질을 바라보며

어느 날 문득 거울 속에 비친 내 모습을 보았다. 웃음도 없고, 은혜도 찾아볼 수 없는 얼굴이 나를 빤히 바라보고 있다. 어느새 어르신이라는 말이 어울리는 나이가 되어 버렸다. '그동안 세월이 지나가는 것도 모른 채 살았구나!' 하는 생각에 마음이 울컥했다.

먹먹한 마음으로 기도하는 중에 하나님께서는 나무 한 그루를 보여 주셨다. 많은 가지가 뻗어 있는 큰 아름드리나무였다. 오랜 세월 동안 그곳에 서 있었던 듯했다. 나무껍질이 유독 눈에 띄었다. 울퉁불퉁 거칠고 갈라진 모양새가 볼품없어 보였다. 거울 속에 비친 내 모습을 보는 듯했다. 그리고 한우물교회 성도들과 샘솟는기도원을 통해 만난 많은 성도들의 얼굴이 떠올랐다. 그때 마음속에서 음성이 들려왔다.

"모진 세월 속에 네가 생명을 품고 길러낸 영혼들이다. 이제 그들이 성장했고 하나님 나라의 일꾼들이 되었다. 나무껍질이 비바람과 눈보라 속에서도 꿋꿋이 나무를 지켜내는 생명 싸개가 되었듯이, 볼품없다고 한숨 짓던 거울 속의 네 모습은 영혼들의 생명 싸개가 되어 수고한 세월의 흔적이다."

모두에게 잊혀졌다고 생각했던 나의 사역의 길을 하나님은 기억하고 계셨다. 볼품없는 나의 육신조차 영혼의 생명 싸개라 이르신 하나님의 은혜와 사랑에 감격했다.

'사람은 잊어도 하나님은 기억하시는구나!'

지나온 삶이 헛되지 않다는 생각이 들었다. 그 하나님 앞에 가기 전까지 더욱 최선을 다해야겠다. 갈렙은 85세에도 약속한 헤브론 땅을 달라고 했다. 내 나이 아직 갈렙 나이에 못 미친다고 생각하니, 사역에 또다시 도전할 마음이 생겼다.

나에게 남은 날도 성령 충만한 기도의 사람으로 살아가기를 소망해 본다.

. . .

"모진 세월 속에 네가 생명을 품고 길러낸 영혼들이다. 이제 그들이 성장했고 하나님 나라의 일꾼들이 되었다. 나무껍질이 비바람과 눈보라 속에서도 꿋꿋이 나무를 지켜내는 생명 싸개가 되었듯이, 볼품없다고 한숨짓던 거울 속의 네 모습은 영혼들의 생명싸개가 되어 수고한 세월의 흔적이다."

. . .

맺는
글

다시 기도의 자리로

샘솟는기도원은 서울에서 멀리 떨어진 전남 강진군에 위치해 있다. 그곳에 가려면 서울의 강남고속버스 터미널에서 꼬박 5시간이 소요된다. 남편 목사님이 돌아가신 후 10년 동안 나는 그곳에서 나의 열정을 바쳤다. 어떻게 그 먼 길을 오가면서 그렇게 많은 일들을 해낼 수 있었는지, 돌이켜 보면 그저 신기할 따름이다.

칠순의 중반에 들어선 내게 돌봐야 할 기도원은 너무 멀리 떨어져 있다. 하지만 물리적, 시간적 거리와는 무관하게 내 마음은 항상 기도원에 가 있다. 그동안 자주 갈 수는 없었지만.

많은 사람들, 특히 자식들이 그동안 애쓴 것만으로도 충분하니 이제는 여행도 하고 쉬면서 여유 있는 생활을 하라고 권면한다. 한데 그러한 삶은 내 것이 아닌 것만 같다. 마음만큼 몸이 말을 듣지 않지만, 내가 할 수 있을 때까지 사역을 하고 싶고, 해야 한다고 여겨졌다.

어느 날 교회 밴드에 이런 글이 올라왔다.

날지 못한다면 뛰십시오.
뛰지 못한다면 걸으십시오.

걷지 못한다면 기어가십시오.

무엇을 하든 가장 중요한 것은 앞으로 나아가야 한다는 것입니다.

－마틴 루터킹 주니어－

그 말은 마치 나에게 하는 소리 같았다. 속히 영육이 회복되기를 기도했다. 새로운 일들에 대한 마음 속 갈망이 파도처럼 밀려왔다.

'하나님의 부르심의 소망을 이루고 싶다. 기도의 자리로 돌아가자. 전과 같이 고통 받는 자들과 기도와 사랑으로 함께하고 싶다. 사람들을 가까이 하고 싶다. 그들의 기도 소리가 듣고 싶다.'

내게 변화가 일어나고 있음이 느껴졌다. 얼마 후 하나님은 사역에 꼭 필요한 사람을 붙여 주셨다. 그는 기도원을 오르내리며 기도 사역을 돕고 싶다고 했다. 모든 것이 점점 제자리를 찾아가고 있다는 생각이 들어 감사했다.

지난 세월을 나는 오직 믿음으로 버텨왔다. 누군가 지금 어려운 처지에 놓인 사람들이 있다면, 나의 이야기가 힘이 되고 용기가 되었으면 좋겠다. 젖은 빨래도 반드시 마를 것을 믿으며 소망을 잃지 않았으면 좋겠다.

이제 나는 힘이 닿는 대로 기도원에 내려가려 한다. 나의 자리로 돌아가 마음을 같이 하는 사람들과 다시 모여 기도하고 싶다. 생각만 해도 가슴이 벅차오른다. 앞으로는 우는 날보다 웃는 날이 더 많았으면 좋겠다.

사진으로 보는 저자의 사역일지

10년 전 순교한 남편 故 유기영 목사. 혈액암 완치 후 어느 날 목양실에서

"호남권을 성령의 불로 일으키기 전에 가지 않는다"
2005년 7월 2일
수술실로 들어가기 전에 벽면 종이에 쓴 글

1984년 교회 개척을 위한 40일 금식기도 후 보호식을 하는 중에 집 앞에서

진달래꽃이 만발한 2005년 봄. 샘솟는기도원 인근의 계곡길에서 남편과 함께

1989년 전 교인 야유회
수원 사도세자능에서

1990년 새 성전에서
안수집사 임직 및 권사 취임식 때

1995년 시흥2동 재개발로 인해 철거하기 전
달동네 성전을 마지막으로 돌아보며

재개발로 인해 철거된, 하늘과 무척 가까웠던 초창기의 예배 처소

1985년 초창기 한우물교회
13평 성전 입구와 옥상 사택

1988년 성전 확장을 위해 구입한 39평과 11평짜리 가옥 지붕

1988년 확장된 50평 성전에서
주일예배를 마치고

1994년 한우물교회
창립 9주년 체육대회
－탑동초등학교

2005년 한우물교회 창립 20주년 체육대회
－광명체육관
줄다리기, 공굴리기, 이어달리기 등
신나게 서로를 응원하던 그날!

2010년 목포제일노회 교육부
S.C.E. 하계수련회
-강진 샘솟는기도원

1987년 홍수로 인한 달동네 산사태 현장
"수많은 손실과 피해로 인해 피폐했던 달동네 사람들의 삶은 더욱 어려워졌다."
-본문에서

1994년 시흥동 달동네에서 열었던 교회 바자회.
없어도 즐거웠고 함께해서 더욱 행복했던 시간

2003년 청소년복음잔치.
주제 : 후 앰 아이(Who Am I)
청소년들의 찬양과 기도로 뜨거웠던
샘솟는기도원의 그 해 여름

샘솟는기도원 연중무휴 심령대부흥성회
"죽은 자들이 하나님의 아들의 음성을 들을 때가 오나니 곧 이때라
듣는 자는 살아나리라" (요한복음 5:25)

샘솟는기도원 운동장 전경

집회 때 모인 차량들

전남 강진의 샘솟는기도원 전경.
서울 한우물교회 신도들이 봉사와 사랑으로 세운 이 기도원은
갈급한 심령을 가진 영혼들에게 귀한 안식처가 되고 있다.
(2004년 국민일보)

2003년 큰딸이 미국 유학을 떠나기 전 가족사진
"이런 때도 있었습니다."

남편처럼 든든한 아들 가족

2016년 미국 에모리대학교
박사학위 수여식에서
큰딸과 함께

복된 가정을 이룬 둘째 딸 가족

인생은 빨랫줄에 널림같더라

초판 1쇄 인쇄일 | 2021년 12월 15일
초판 1쇄 발행일 | 2021년 12월 20일

지은이 | 송길례
펴낸이 | 김진성
펴낸곳 | 벗나래
편 집 | 허강
디자인 | 성숙
표지그림 | 박미옥
관 리 | 정보해
출판등록 | 제2016-000007
주 소 | 경기도 수원시 장안구 팔달로237번길 37, 303호(영화동)
대표전화 | 02) 323-4421
팩 스 | 02) 323-7753
홈페이지 | www.heute.co.kr
전자우편 | kjs9653@hotmail.com

Copyright©by 송길례

값 15,000원

ISBN 978-89-97763-44-3